传 媒 与 文 化 书 系

青年文化研究的创新与实践

杨 晶 ◎ 著

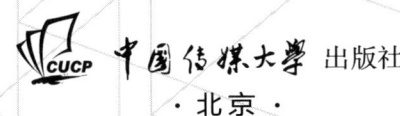

中国传媒大学出版社

·北京·

序

  青年文化是在青年人完成社会化过程中逐步形成的,是具有共同审美趣味、价值取向、行为方式的总和,是青年在社会化过程中的"自我表达",是青年特有的社会存在方式。青年文化不但集中表现了青年群体的生活态度、理想追求、价值观念、行为方式等,而且反映了社会文化的本质。加强青年文化创新发展研究,能进一步深化我们对于经济、政治、文化等各方面社会存在的认识和理解,有利于从总体上把握社会文化的建构并及时调整各种社会关系。

  本书尝试着从几个层面介入,对青年文化作中国特色的解读。中国特色的青年文化研究是在中国式现代化建设发展过程中,青年互动的过程中所形成的独特的文化。西方的青年文化以及青年社会学的研究方式,可以作为分析中国青年群体现象和本质的二级或者三级层面中机理的一种具体工具,但不能作为整体理论体系来解读中国青年文化的现象。中国特色社会主义正在建构人类现代文明的新形态,我们需要有理论创新,需要从我们的经验之中以及西方实践经验之中抽取出能够反映和指导面向未来的人类现代文明的哲学社会科学。这是青年一代以及青年的下一代在哲学社会科学研究过程中应该秉持的基本态度和基本立场，也是中国哲学社会科学的学者们应该拥有的眼界和格局以及使命。

中国式现代化建设在不同阶段引领青年文化繁荣发展，青年文化在自身逻辑体系中不断演进、迭代和反哺，推进中国式现代化建设的发展。中国式现代化进程需要开拓，青年文化的理论务求创新。当前，青年文化的逻辑、特点、动态、规律，以及与其他文化的关联性、平衡性、结构性等方面的研究仍需要不断深化和完善。青年文化发展也会随着时代变化和社会发展进一步深化，更好地完成理论和实践的良性互动，充满活力地向前发展并展现出推动社会变革的巨大能量。

青年文化研究也是当今备受瞩目的前沿学术领域，它历经多年的发展，吸纳各种人文社会科学领域的理论和方法，积极介入当代社会与生活，成为较有活力和创造性的学术思潮之一。期待本书能为青年文化研究的探索和发展添砖加瓦。

是为序。

杨　晶

2022 年 10 月 21 日

目录 CONTENTS

第一章 复杂的联结:青年文化与多种文化形态 /1

第一节 传统文化与青年文化关系的逻辑演变 …………… 3

第二节 全球化对青少年影响的文化研究 …………… 23

第三节 新媒介视域下的青年文化生成与变更 …………… 36

第二章 青年文化建设的制度性保障 /45

第一节 中国共产党的创建与青年文化的动态联结 …………… 47

第二节 《中长期青年发展规划(2016—2025)》学习辅导读本(文化建设) …………… 60

第三章　北京青年文化与闲暇活动现状及发展趋势　/81

　　第一节　北京青年的文化活动 …………………………… 83
　　第二节　北京青年的闲暇活动 …………………………… 102
　　第三节　发展趋势的思考 ………………………………… 126

第四章　青年文化研究的传播与认同　/131

　　第一节　旅游中的青年文化研究——香港游学旅游 …… 133
　　第二节　媒介中的青年文化研究——短视频出海 ……… 146

参考文献　/151

第一章

复杂的联结:青年文化与多种文化形态

在全球化语境下进行青年文化研究,反思传统文化对青年文化的影响,进而提出明确的、具有现实生命力和可操作性的解决路径已是当务之急。毫无疑问,学术研究应从新媒介的视角出发,走进鲜活的青年生活场景和日新月异的文化实践中,而这样的研究起点应是对全球化、传统文化对青年文化的影响的深入而全面的理解。本章从三个方面对青年文化与多种文化形态的联结展开论述:传统文化与青年文化关系的逻辑演变;全球化对青少年影响的文化研究;新媒介视域下的青年文化生成与变更。

第一节 传统文化与青年文化关系的逻辑演变

传统文化是青年文化的重要理论资源,也是青年价值观养成的精神渊薮。然而在实践层面,传统文化却存在诸如单向度强势传播效果不彰、对受众的思考不足、全球意识不够等问题,传统文化无法有力回应和解决全球化背景下中国青年价值观的断裂和紊乱问题。传统文化应与青年文化融合发展,传统文化应通过传统文化的日常生活化、传统文化传播的网络化引导和塑造青年消费文化路径,提升对青年文化建设的影响力和塑造力,进而实现对青年价值观的重塑,为实现民族的伟大复兴夯实基础。

本土传统文化对青年文化和青年价值观进行塑造,进而实现对国民整体或社会主流价值观的重塑,维护国家的意识形态安全是全球化时代的基本共识。也正是在这个意义上,传统文化对青年文化和青年价值观的塑造作用也成为各国关注的重点。但让人感到意外的是,在各国用力最猛的领域,产生的效果却并不尽如人意,出现了"理论丰富、实践苍白"的尴尬境地,也促使学界对此进行深刻反思。

一、青年文化的全球化基因

一般认为,全球化是指涉及经济、政治、文化、社会、思想、信息等一切领域的复杂的、多维的、动态的、不均匀的一体化进程,是在世界范围内产生的一种内在的、不可分离的和日益加强的相互联系,是一个充满差异和断裂的过程,也是特定条件下思考问题的方式,是人类社会发展的必然历史阶段。全球化对当今世界的影响是全面而深刻的,经济全球化、文化全球化已成为学界研究的焦点,全球化与旅游文化也受到学者的关注,[①]而与全球化相伴而生的"逆全球化"潮流也成为各国需要共同应对的问题。可以说,"全球化是一个萦绕在我们的记忆中并且影响着我们的文化生活、思维方式、学术研究以及知识生产的客观现象"[②]。换言之,全球化及其后果不但成为当今时代的难题,还成为研究当代政治、经济、社会、文化以及意识形态等领域的诸多问题的理论来源、知识语境和时代背景。青年文化研究当然也在这样的背景下展开,并且青年文化在自身的流变中吸纳、融合了全球化的影响,形成了独具特色的全球化基因。借用生物学的观点,基因支配着生命的基本构造和性能,储存着生命孕育、生长、凋亡过程的全部信息,是决定生命健康的内在因素,并具有物质性和信息性。因此,要对青年文化提出有深度和历史感的看法,解析其全球化基因是必然路径。

---

① 杨晶.后现代视阈下的复杂联结:全球化与旅游文化[J].文艺理论研究,2012(4).
② 王宁.全球化、全球本土化以及中国的文化学术策略[J].江海学刊,2017(3).

(一) 青年文化的当代义涵

青年文化作为一个学术名词,在历史流变中被纳入多种理论范畴进行研究,各理论派系也由此对青年文化这一概念的内核做出了不同的解释,随着时代演进,不断丰富着青年文化的内涵。自20世纪60年代以来,美国的文化人类学界和社会学界对青年文化的研究较为集中。美国文化人类学者玛格丽特·米德把青年文化视为代际文化范畴,采取"代际分析"法,从代际价值观念延续和中断角度解释青年文化;美国学者西奥多·罗扎克把青年文化看作"反文化";美国社会学家帕森斯提出"社会化失调论";美国学者托马斯·齐黑提出"新社会化论"。这些学者均把青年文化视为社会现存文化系统中与主流文化相对的亚文化范畴,运用"结构分析"法,从社会与青年、主流文化与亚文化的冲突和整合角度阐述青年文化。① 上述理论对中国青年文化研究的影响较为深远。20世纪80年代中后期,当代中国的青年文化研究开始兴起,并在青年研究和文化研究两个不同领域开展。青年研究领域的青年文化研究,借用了西方的概念工具和理论资源,与社会和文化变革直接相关,在20世纪90年代中期还处于相对封闭孤立的状态。② 进入21世纪以来,随着社会历史及文化的变迁,青年文化的研究方法和学术内涵进一步得以延伸。目前,学界普遍认为,"青年文化研究既包括对青年群体采用文化研究方式进行的研究,强调文化研究作为方法论,其最终指向为文化研究;也包括对于青年文化这一对象的整体研究,强调青年文化作为研究对象,其最终指向为青年研究,青年文化研究的定义域是文化研究和青年研究

---

① 黄禧祯.关于青年文化本质的哲学思考[J].广州师院学报(社会科学版),1994(2).
② 陆玉林.青年文化研究方法的谱系分析[J].中国青年政治学院学报,2014(6).

的交集"①。

研究理论的多元化折射出青年文化内涵的变迁。青年文化是现代社会的产物,受特定社会的经济、政治、文化、环境等影响,是"青年实践自我认同而进行的一系列抵抗、消解、娱乐、休闲的日常活动,是青年这一生命周期特有的社会心理、价值倾向、审美趣味、行为方式和生活习俗的总和,是青年在社会化过程中的'自我表达',或者说自我身份确认,是青年特有的社会存在方式"②。青年文化与成人文化或主流文化高度依存、相互影响,"青年文化的形成不只受到代际因素的影响,还受到成人社会诸多因素的共同影响"③,同时,"在特殊的历史阶段,青年群体以运动、骚动的形式影响着社会发展的进程;在非特殊的历史时期,青年群体以夸张的情感,独特的语言、音乐、绘画、服饰等潜移默化地影响着社会文化,正是青年文化对成人文化的影响,才使现代社会既兴奋又恐惧"④。着眼于青年文化对成人文化的反抗和创新及二者之间存在的区隔,伯明翰学派认为,"青年亚文化"这一概念更能体现青年群体自觉与主流社会保持区别的抵抗意识,更能体现青年群体的具体文化表现形态和文化政治诉求,因此被广泛用于社会学、犯罪学、伦理学、文化研究和传媒研究等诸多领域。在中国,"青年文化对传统社会文化秩序、道德、观念等的反叛和挑战,在引起政府和社会各方面关注与焦虑的同时,也引发了主流文化和成人文化在这些方面的主动变革,青年的文化生产和消费,促成了改革开放以来生机勃勃的文化局面"⑤。在厘清青年文化与成人文化(也被称为"主流文化")的关系后,我们可以明确,"青年文化与主流

---

① 杨晶.青年文化研究的现状与反思[J].中国青年研究,2018(3).
② 陈亮.青年文化:诠释与批评[J].当代青年研究,2010(6).
③ 孟登迎.青年文化研究再探讨[J]中国青年社会科学,2017(2).
④ 张荆.青年文化的由来[J].青年研究,1998(6).
⑤ 陆玉林.当代中国青年文化的回顾与反思[J].中国青年政治学院学报,2002(4).

文化在差异中保持活力并实现对话,完成了青年文化的二次建构。青年文化集中表现了青年群体,特别是青年学生的生活态度、理想追求、价值观念、行为方式等方面的现状,是社会文化本质的敏锐反映,推动着社会主流文化的发展和变迁"[①]。

(二) 青年文化的全球化基因

全球化基因主要表现在文化认同的多重性、网络文化的异质性及消费的自我认同三个层面。

1. 文化认同的多重性

首先,文化认同是一个动态的过程。中国传统文化和西方文化是当代青年文化认同的主要模式,在现实生活中,青年认同传统文化也认同西方文化,有时,两种观念又"十分奇异地结合在一起,形成异质性程度较高的价值观念并存的状态","青年的文化认同是与某种文化实体的抽象关系,又是具体的、现实的文化选择,随着身份、职业和情境的变化,其处在不断建构的过程中"。[②] 其次,作为文化认同的主体,青年群体本身具有阶层性。不同的阶层对传统文化和西方文化具有不同的态度,发达国家青年与发展中国家青年、城市青年与打工青年对此具有完全不同的体认。最后,"文化全球化"带来的认同多重性问题。"文化全球化"是世界性的文化认同、价值认同和实践认同的发展趋势。全球化对文化认同问题的影响是广泛而现实的,特别是从文化全球化的角度来看,在全球化进程中,世界各种文化通过多种渠道

---

① 杨晶.青年文化研究的现状与反思[J].中国青年研究,2018(3).
② 陆玉林.当代中国的青年文化认同问题[J].当代青年研究,2012(5).

在全球范围内流动与扩散,经过交流、冲突、融合、互渗和互补,形成多元文化组合的同时,也促进本民族文化发展和传播。同时,鉴于二者的理论导向和实践过程又截然相反,学界认为文化同质化与异质化将实现融合,出现第三种文化即多元共存的全球文化。文化全球化的趋同论、异质论与融合论,也带来了文化认同的多重性问题。

2.网络文化的异质性

首先,互联网加剧了全球化进程,促进了社交网络的兴起和发展,包括自我主义、基于社团、机会主义、兴趣驱使以及媒体共享等五大类社交网络,其向权力发起了挑战,权力正从层级转移到网络,从官僚制度转移到个人,从中收转移到周边,从有形的领域转移到虚拟网络空间,从而导致互联网使用者的身份多元化、地位民主化、权力分散化。[①] 截至2017年12月,20—29岁年龄段的网民占比最高,达30.0%,[②]青年群体成为互联网使用者中最大的群体。其次,由互联网特别是社交网络推动形成的网络文化虽然是各种民族文化不断交融和碰撞的结果,但占据主导地位的依然是具有网络技术优势的西方国家所传播的文化霸权和意识形态。从这个意义上来说,"世界已经离开了暴力和金钱控制的时代,而未来世界政治的魔方将控制在拥有信息强权的人手中,他们会使用手中掌握的网络控制权、信息发布权,利用英语这种强大的文化语言优势,达到用暴力、金钱无法实现的目的"[③]。最后,互联网似乎消除了一切界限和藩篱,创造了一种开放、自由、民主、平等及同质化的虚拟文化,不仅有力地反抗权威,追求想象中的平等,而且带动了

[①] 弗雷泽,杜塔.社交网络改变世界[M].北京:中国人民大学出版社,2013:2-5.
[②] 中国互联网络信息中心.第41次中国互联网络发展状况统计报告[EB/OL].(2018-03)[2022-03-12].http://www.cnnic.net.cn/hlwfzyj/hlwxzbg/hlwtjbg/201803/P020180305409870339136.
[③] 刘文富,等.全球化背景下的网络社会[M].贵阳:贵州人民出版社,2001:116-117.

社会的变革,这是网络理想主义乐见的结果。但现实中的互联网根本没有平等可言,其异质性也由此产生,一些国家在网络文化的冲击下,普遍存在"意识形态西化、民族认同感弱化、道德评判相对化、心理空间封闭化"等问题,①这成为全球化时代网络文化对青年文化宰制的重要表现。

3.消费的自我认同

首先,随着全球化进程的不断深入,跨越区域、国家、民族的全球化消费市场迅速壮大,趋同性的全球消费文化也由此产生,并呈现出:个人主义导向,即注重个人自主选择权利;经济性导向,主要动机为寻找最低价格;弃旧崇新导向,即剥离物品的情感意义,只注重实用价值,快速弃旧扬新。② 在全球消费文化的影响和冲击下,青年群体的消费欲望被过度放大,呈现异化和物化现象。其次,全球化时代的消费成为建构"类群自我"的重要途径。消费主义的符号化表明,每件具有相同价值的物品,会因消费者的动机、目标、意义的不同而具备不同的符号价值,今天的"我"是由我所消费的东西和我所采取的消费方式定义的。最后,全球化时代的消费,"不只是个体满足日常生活需求的手段,更是一种自我体验、一种互动关系的确立,一种塑造自我认同的路径"③。正如当前以中国年轻群体为主的网购群体,他们购买力的相对匮乏反而刺激了占有商品的欲望,他们的快乐建立在持续消费产生的快感之上。在全球化时代下,"强调体验、强调互动、强调认同本就是这个以互联网为基础的消费社会的特征"④,而"当消费主义本身成为一种意义供

---

① 胡钰,吴倬.互联网对青年价值观的负面影响[J].青年研究,2001(3).
② 周晓虹.全球化、社会转型与中国人社会心态的嬗变[M].北京:社会科学文献出版社,2017:109-110,114.
③ 凡勃伦.有闲阶级论[M].蔡受百,译.北京:商务印书馆,1964:59-64.
④ 凡勃伦.有闲阶级论[M].蔡受百,译.北京:商务印书馆,1964:59-64.

给机制",在其中,"现世的消费欲望的满足被合法化、合理化,并成为获得人生幸福的一个重要途径"①,消费的自我认同也由此得以建构。

在全球化成为我们的知识语境的情形下,对青年文化所做的任何深度研究必然要将全球化影响纳入思考范畴,这样的前置性思考有利于我们在研究对象的纷繁复杂的表象面前,清晰地、始终如一地围绕论题的主线深入开掘,不至于因"乱花渐入"而导致"左顾右盼",损害论题的深度。在明确了青年文化的全球化基因主要表现在文化认同的多重性、网络文化的异质性及消费的自我认同三个层面后,我们对青年文化与传统文化在全球化时代的相互关系的探讨也将以此为基础展开。

二、传统文化与青年文化关系的认知症候

众所周知,传统文化是青年文化的重要理论资源和青年价值观养成的精神渊薮,对传统文化与青年文化关系的认知将直接影响传统文化对青年价值观的塑造。学界对此的研究相对滞后,有论者认为,在2010—2016年才出现了"传统文化的回归导向"②。以传统文化和青年文化为主题的文章,在中国知网上只搜索到了110篇,针对学界有限数量的相关研究进行分析,笔者发现学界对传统文化与青年文化的关系存在以下认知。

---

① 凡勃伦.有闲阶级论[M].蔡受百,译.北京:商务印书馆,1964:59-64.
② 戴文静.近三十年中国青年文化研究的嬗变与反思[J].青年文化,2017(1).

(一)传统文化与青年文化的双向互动性较差

近年来的相关研究,主要呈现以下几种观点。

1.传统文化重要作用论

持该观点的研究强调传统文化对青年发展的重要作用。有论者从对传统文化的仁爱、正义、礼乐精神等主要内容的阐释出发,强调中国优秀的传统文化对于当代青年的成长,具有非常重要的作用。他们认为,在全球化时代更需要我们具备更全面、更深远的战略视野,去吸收借鉴中国优秀的传统文化。[①] 有论者认为,传统文化在青年群体中的影响力已经不容小觑,甚至出现了强势回归的迹象,强调传统文化乃当代青年发展之根基。[②] 有论者认为,中华传统文化中有很多内容对于青年塑造正确的价值观意义重大,希望用优秀传统文化为青年筑好思想堡垒。[③] 还有论者认为,当前青年更需要接受传统文化的哺育。[④]

2.传统文化载体论

持该观点的研究将传统文化作为青年群体与社会主义核心价值观之间的桥梁和社会主义核心价值观教育的载体。有论者认为,中国优秀传统文化不仅仅是社会主义核心价值观的来源之一,还是青年群体普遍认同的价值观,希望发挥优秀传统文化在青年认同社会主义核心价值观中的桥梁功

---

① 孙熙国.中国优秀传统文化与当代青年发展[J].学校党建与思想教育,2011(11).
② 金锐.试论中国传统文化与当代青年发展[J].北京教育,2011(10).
③ 尤文静.用优秀传统文化为青年筑好思想堡垒[J].人民论坛,2017(5).
④ 刘宏森.反哺与哺育:对青年"文化反哺"的质疑[J].探索与争鸣,2013(7):34-37.

能,将青年对优秀传统文化的认同移植到对核心价值观的认同上,以此推动青年社会主义核心价值观认同机制的建设。[①]

3.青年传承责任论

持该观点的研究认为青年有责任传承中国传统文化。有论者认为,传统文化对当今中国青年而言是一笔可以得到的财富,当代青年也应该能为民族文化的传承与弘扬做些事情,要在努力寻求创新的同时,坚持不断地提高自己的文化自觉,重新发现自己身上的文化基因,并在世界全球化的大背景下实现自身的发展和中华文化的更新。[②] 有论者认为,当前关于青年传承优秀传统文化中的责任的讨论甚少,他们希望基于青年的理性精神和家国情怀来认识青年在传承优秀传统文化中的责任,认为青年须肩负起传统文化传承的责任,做传统文化的研究者、践行者与传承者。[③]

4.价值引导论

持该观点的研究认为应引导青年从传统文化中汲取力量。有论者认为,应从多方面入手,引导青年坚守传统文化的"根",从传统文化中汲取力量,增强文化自信,坚定理想信念,担当起时代赋予他们的责任和使命。[④] 有论者认为,要使年轻一代多接触中国的传统文化,就要善于启发诱导,对传统文化进行选择、提炼乃至重铸,使之与现代意识相融合。[⑤] 有论者认为,如

[①] 章天顺,王希坤.以优秀传统文化加强青年社会主义核心价值观的认同机制建设研究[J].青年学报,2015(4).
[②] 顾骏.传统文化与当代青年[N].解放日报,2009-09-06.
[③] 徐彩勤.中国优秀传统文化传承与青年责任[J].青少年学刊,2017(5).
[④] 吕丽娜.当代青年必须坚守传统文化的"根"[J].人民论坛,2018(1).
[⑤] 夏禹龙.青年的困惑:评传统文化与现代意识[J].当代青年研究,1993(Z1):5-6.

果我们积极地组织和引导,把我们的文化宝库给予我们的青年,其意义非常重大。①

上述几种观点强调传统文化的价值,引起社会广泛关注,但同时这几种观点也认为传统文化存在对青年群体的接受问题考虑不足、单向度强势传播效率不高等问题。从接受理论(接受美学)角度来看,"文学作品的历史生命如果没有接受者的积极参与是不可思议的。因为只有通过读者的传递,作品才能进入一种连续变化的经验视野中。在阅读过程中,永远不停地发生着从简单接受到批评性理解,从被动接受到主动接受,从认识的审美标准到超越已往的新的生产的转换"②。接受理论强调读者的重要性,由是观之,传统文化的传播史也是青年群体的接受史。而受众理论认为,"受众是信息传播的目的地,是信息传播链条中的一个重要环节,也是传播过程得以存在的前提和条件。没有受众的反应和评价,就不能真正地了解大众传播媒介的效能和效率"③。可以说,对青年群体传播传统文化要充分考虑受传者、传播内容、传播方式和传播环境。传统文化只有被青年群体接受,内化为青年文化的有效组成部分,才能实现对青年价值观的有效塑造。

(二)青年文化自身发展规律研究不足,尚未与传统文化发展形成合力

对青年文化发展规律和特点的研究,是青年文化研究得以发展和达到理论自洽的前提,然而遗憾的是,这样的研究文章数量和质量均与全球化时

---

① 浦伟忠.青年文化与传统文化[J].探索与争鸣,1994(1).
② 姚斯.走向接受美学[M]//姚斯,霍拉勃.接受美学与接受理论.周宁,金元浦,译.沈阳:辽宁人民出版社,1987:24.
③ 邵培仁.传播学导论[M].杭州:浙江大学出版社,1997:308.

代青年文化研究的要求相去甚远。目前,学界对青年文化发展规律的研究主要侧重于多角度分析青年文化特征和发展趋势。如有论者认为,在全球化、市场化和信息化的背景下,青年文化呈现出世界趋同化和民族性趋弱化、代际化和分层化、多元化和个性化、流行性和务实性的特征和发展态势。① 有论者从青年文化的确定性与不确定性相结合出发,推测其发展趋势,认为青年文化在物质形式层面是"唯新"的;在组织体制层面,非正式组织是青年文化赖以生存的基础;在知识系统层面,世俗性、流行性的知识仍将是基础;在价值取向层面,其与成人文化和主流文化趋于合流;在审美取向层面,个性与新潮仍将是主导;在行为方式层面,逆反心理以及强烈的自我表现欲不会消失。总体来看,青年文化仍将在与成人文化和社会主流文化的冲突与互动中展现自身的特色。② 有论者认为,青年文化受社会主流文化价值导向作用,与社会主流价值相契合;受到非主流文化的影响也日趋呈现多元化和个性化,青年文化的发展方向是科学化、民族化、时代化。③ 同时,部分研究已明确认识到青年文化规律研究滞后,已制约青年文化建设进程,强调青年文化自身的内部逻辑和外在特征。有论者认为,"青年文化发展具有自身的发展逻辑和发展规律,从生成角度看,青年文化主要在日常生活领域生成并借此嵌入社会结构。从发展角度看,青年文化呈现为具体文化之间的非关联性与整体文化内在逻辑的统一。从功能角度看,青年文化主要以抗争的方式凝聚青年认同和确认群体价值。从传播角度看,青年文化主要在同辈群体互动中进行传播并实现青年文化的再次建构"④。

总体来看,青年文化发展规律研究的深度和广度不足,已对青年文化发

---

① 陈荣武.当代青年文化的历史衍变与现代性建构[J].思想理论教育,2014(1).
② 陆玉林,常晶晶.我国青年文化的现状与发展趋势简析[J].中国青年政治学院学报,2003(4).
③ 李洋.当代中国青年文化的发展理路探析[J].社科纵横,2013(9).
④ 邓希泉.青年文化发展规律研究[J].中国青年社会科学,2015(5).

展形成了制约,学界已经认识到此类问题,部分学者也已有意识地对此问题进行反思。

(三)地方性应对举措的全球化意识不足,未能与全球化应对形成良性互动

目前,将传统文化与青年文化的相关研究,置于全球化视野之下,似乎已经成为一种学术自觉。但既然讨论全球化时代中国传统文化与青年文化的关系,必然要在全球化视野中围绕青年文化的全球化基因来寻找破解之道。因此,中国传统文化与青年文化的关系或者说与青年价值观的关系必然要放在全球化的宏观视野下来考虑,全球化的流动性和风险性必然导致全球性的(或称之为世界性的)青年文化问题,传统文化如何实现对青年文化的正确引导和塑造,需要全球的民族国家共同思考,这可视为全球化的全球应对之道。而同时,民族国家应对全球化带来的冲击,特别是对民族国家主流价值观的冲击,往往通过彰显自身传统文化的价值,延续文脉,构建有民族特色的青年文化,进而实现对青年的塑造,这可视为地方性应对之道。全球化的本质是流动的现代性,通过时空压缩,人类社会成为一个即时互动的社会,各民族国家对青年文化的相关举措,共同丰富了全球的应对之道,同时,全球应对之道在融合、发展、变革后,也将再次对民族国家产生影响,全球性应对和地方性应对互为变量,共同形成一个双向互动的动态过程。在这个层面上探讨传统文化与青年文化的关系,应按照"全球性思考、地方性行动"方式,廓清"全球化"与"地方化"两种思路在青年文化范畴内的运行机制,并实现互补。

廓清学界对传统文化与青年文化关系的认知,是解决当前传统文化对青年价值观塑造效果不彰的前提。只有对传统文化与青年文化之间的关系

有清晰的认知,对二者相互影响的动力机制和实现路径有切实的体认,并按照传统文化和青年文化各自的发展规律,形成宏观指导政策,切实地作用于青年的生活实际,才可能实现对当代青年价值观的有效塑造,而这一问题的根本出发点是我们对传统文化和青年文化发展采取的立场。

三、传统文化与青年文化融合发展的立场与路径

鉴于学界对传统文化与青年文化的关系在认知方面存在诸多问题,以及传统文化对青年文化正向影响或对青年群体价值观塑造的效果不彰,我们有必要检视现有立场,并摆脱特定立场和思维带来的牵绊和局限,既要重"致广大",也要求"尽精微"。在全球化深入发展的历史语境中,我们须秉持更科学的、现实的、创新的立场来张扬中国传统文化的影响力,真正展现中国当代青年的文化,塑造青年价值观,这也是融合发展的立场。

融合发展的理念广泛应用于经济学、管理学、社会学、哲学、心理学、政治学、文学等主要学科,其核心要义即理论和方法相互渗透、延伸和重组,以期对原有问题提出更新的解决办法,对研究对象得出更新的看法。由此,我们认为传统文化与青年文化的融合发展应是双向互动的、现实的、知己知彼的、创新的,同时也考虑传播和接受两个路径、全球化和地方化两个层次、传统的和现代的两个规律,针对青年文化的全球化基因,有条件地实现融合发展。具体实现路径主要有以下几种。

(一)传统文化的日常生活化

回归日常生活世界是20世纪当代西方哲学发展的主要趋势之一。哲学

家胡塞尔、列菲伏尔、赫勒等都转向日常生活世界,以求唤醒人类内在的批判意识,促使现代人由自在自发的或异化受动的生存方式向自由自觉的创造性生存方式提升,他们的共同点是把人的生存方式的重建当作文化建设和人的发展的主题。① 20世纪90年代以来,关于"生活世界"或"日常生活批判"的话题,在传统文化转型的思潮中成为热点。在彼时的话语体系中,中国传统文化的巨大惰性和顽强的生命力,与日常生活的自在性和自发性"合谋",成为中国现代化的阻力,所以,学界希望通过"日常生活批判"推动文化转型,进而推进现代化建设。② 近30年过去了,全球化时代的中国正在现代化进程中昂首阔步,而此时,全球化对中国传统文化的侵蚀、对青年价值观的影响也日渐加重,但日常生活作为中国最传统的自在自发的文化"根基或寓所",对思想文化的基础性作用从未改变,由此,传统文化的日常生活化再次成为路径,得到学界的重视。

何谓日常生活?日常生活是维持个体生存和再生产的日常消费活动、日常交往活动和日常观念活动的总称。它以传统习俗、经验、常识等经验主义因素为基本活动图式,以生存本能、血缘关系、天然情感等自然主义关系为立根基础,以家庭、道德、宗教为自发的调控者和组织者,以重复性思维和重复性实践为本质的存在方式,③而传统文化的日常生活化是指将传统文化融入个体的日常消费、交往和观念活动中。近年来,学界对此提出过诸多建议,如倡导从传统节日等生活细节入手,逐渐将书法、饮食、诗歌、绘画等艺术形式与青年的日常生活结合起来,引导青年亲近传统文化;④通过恢复汉

---

① 韩庆祥.市场经济·文化转型·生存方式重建[J].求是,1996(3).
② 衣俊卿.中国文化的转型与日常生活的批判重建:百年现代化的深层思考[J].河北学刊,1993(2).
③ 衣俊卿.现代化与日常生活批判[M].哈尔滨:黑龙江教育出版社,1994:100.
④ 衣俊卿.现代化与日常生活批判[M].哈尔滨:黑龙江教育出版社,1994:100.

服等形式,增强人们对传统文化的认知;①通过休闲旅游使传统文化得到演绎和新生。② 民俗学也把眼光聚焦于当下时空中的民众生活,寻找民众用自己的生活展示的、保存于民俗里的价值等,③一些具体的传统文化艺术形式如戏曲和相声等在青年群体中也正逐步复兴。④

传统文化日常生活化的理论推演与日常实践正在逐步增加,期望穷尽其理论和形式是不现实的,但在传统文化日常生活化的进程中,须明确三个原则。其一为创新原则,要从理论、方法、机制等各层面入手,着力探寻优秀传统文化与现代生活的契合点,实现传统文化的大众化和生活化。弘扬传统并不是要实现传统的重现,而是实现时代的创新,只有把握创新的实质,才能避免学理上的迷乱。⑤ 其二为动态原则,传统文化并非固定不变的,而是处于不断生成和演进之中,青年价值观变化最明显的部分也在与青年自身现实境遇关系最为紧密的"日常生活价值领域"⑥,在全球化时代,青年群体的阶层性带来的日常生活分层化已日渐明显,"谁的日常生活"有时决定了"怎样的日常生活",要动态分析日常生活的要素组成,才能实现传统文化的有机融合。其三为实践性原则,传统文化日常生活化的作用群体主要为青年群体,要充分考虑受众的接受程度,避免政治化、理想化、抽象化倾向,要与个人现实生活联系起来,重视生活意义、生活理想和生活形象,⑦因此,有的学者认为,"如果传统文化只存在于学者的书斋里或研讨会上,那么我

---

① 李锦珍,郁树廷.论民族文化认同与汉服复兴[J].传承,2017(1).
② 林敏慧.当日常休闲遇到旅游:传统文化的演绎与新生[J].旅游研究,2016(3).
③ 王杰文."生活世界"与"日常生活":关于民俗学"元理论"的思考[J].民俗研究,2013(4).
④ 王杰文."生活世界"与"日常生活":关于民俗学"元理论"的思考[J].民俗研究,2013(4).
⑤ 张法.传统文化:我们?他者?[J].传统与新人文,1996(1).
⑥ 金志坤,杨雄.传统文艺与当代青年:关于现代化进程中青年文化建设的思考[J].青年文化新论,1993(4).
⑦ 康来云.社会主义核心价值观培育中遇到的"缝隙"及其弥合之策[J].学习论坛,2015(7).

们可以说,它已经死亡了"①。

(二) 传统文化传播的网络化

互联网自 20 世纪 90 年代兴起以来,就以革命性姿态处于快速发展过程中。进入 21 世纪以来,移动互联网的迅速普及使得网络对全球民族国家及其社会生活和传统文化的影响更加深入且广泛。一方面,互联网作为高效的载体带来传播革命,其时效性、开放性、交互性有力地推进了不同文化间的交流和融合,人类社会进入网络社会。另一方面,网络带来的负面影响也日渐加重。互联网全面突破了以往的国家界限、社会阶层、受教育程度、性别、代际等先赋性和后致性的区隔,使得纵向的垂直体系和横向的整合体系之间的交流、交往变得比以往任何时期都更为容易,从而在相当程度上改变和重塑了社会秩序与社会结构,②民族国家在网络时代的意识形态话语权也面临新的挑战。对于网络时代的中国传统文化传播来说,需重视三个方面的作用。其一,重视融媒体作用。媒体融合是对信息传播技术发展所引发的媒介形态融合、媒体相关产业聚合状况的描述,是一种新旧媒体的"扬弃",使新旧媒体的优势相结合,从而形成一种以互联网为基础的全新的媒体即融媒体。融媒体强调将"报、网、刊、微、端、屏"融为一体,有效地提升舆论引导力、传播力、影响力和公信力。对于网络时代的传统文化来说,要吸引青年群体的"眼球",就要对青年群体进行分析,找准定位,通过融媒体实现大众、分众、个性化传播,也就是说解决传播载体最优化的问题。其二,重

---

① 许嘉璐.漫谈"文化强国"战略[N].北京日报,2011-10-31.
② 丁惠平.市场化、全球化与网络化:当代中国社会组织变迁的影响机制及内在逻辑[J].吉林大学社会科学学报,2017(11).

视内容生产。好的内容自带流量,内容是传统文化传播之本。必须充分认识到利用网络传播传统文化不是简单用"网灌"代替"人灌",应创造多形式、多品牌的传统文化活动,厚植内容,避免有为青年的动机但不受青年欢迎,要打通传统文化通往青年内心的"最后一公里"。其三,重视网络社群作用。网络社群是互联网催生的虚拟公共空间,具有开放性、无边界、低成本、即时性等特点,网罗了不可估量的社会力量,特别是借助网络社群,那些价值观、爱好、兴趣相近的青年在虚拟空间进行交流,将形成巨大的话题空间和组织动员能力。因此,要加强网络社群的建设,形成具有传统文化品牌号召力的青年社群,将学习、传承传统文化内化为青年的自主追求。

(三) 引导和塑造青年消费文化

全球化时代的消费问题已成为民族国家必须面对的难题。之所以称之为难题,一方面是因为消费已经成为带动经济增长的重要引擎,其对经济社会发展的作用受到普遍重视。另一方面,消费主义作为一种社会思潮带来的负面影响,特别是对青年消费观、文化观、道德观以及整体价值观的影响尤为严重,如青年价值取向的世俗化和娱乐化,青年文化的物化,传统道德丧失话语权等,已对主流意识形态形成冲击,这也让身处消费时代的民族国家感到无奈。目前,中国学界对青年与消费的研究成果中,"消费方式和文化实践的描述性、总结性研究较多,而从消费主义和文化权力理论的角度对青年社会阶层、经济与文化资本及其消费社会的关系的研究较少"[①]。在如何应对消费主义对青年带来的负面影响的研究方面,学界提出了诸如"把对消费主义的遏制作为对青年进行健康生存观教育和思想道德建设的一个重

---

① 李春玲,等.新时代的主题:2007—2010年青年研究综述[J].青年研究,2011(3).

要途径,帮助青年树立自然生态、社会伦理道德、自我全面发展等三个正确的消费的价值尺度"①;要在教育中融合中华民族的传统美德,弘扬积极的消费文化,帮助青年树立正确、积极、健康的消费价值观;②引导青年树立正确的消费观念,更为重要的是重新拾回失落的青年精神;③对青年人合理的物质利益追求应当予以尊重,但也必须对其进行引导,避免青年的物欲无限膨胀,给青年自身及社会发展带来不利影响;④要认识消费的本真意义,引导青年用辛勤的工作、对社会的贡献等方式来建构自身的身份并从中获得满足感和成就感⑤等。总体而言,要应对消费主义的负面影响,就要"引导树立"正确的消费观念、张扬青年精神、建构自我身份。其中,传统文化中关于消费的道德规范也再次被挖掘出来,以期对青年消费有所匡正。上述研究没有脱离百年来学界对消费主义研究的两条路径,即认同主义取向和批判主义取向,特别是在提出应对消费主义负面影响时,较多地描述了应对的理想愿景,而对实现这些愿景的具体方式和可能达到的效果语焉不详。

在以消费为主导的消费社会转型期,应将青年文化、消费文化、传统文化共同置于一个定义域中进行探讨,才能得出有意义的结论。当前,引导和塑造青年消费文化,进而实现对消费主义负面影响的消解和转化,形成有中国青年自身特色的消费体验,塑造青年正确的消费观和价值观,我们需要对三个层面的问题进行深入开掘。其一,明确中国消费主义自身运行逻辑。应将消费主义置于中国社会复杂的历史和意识形态中深入考察,将西方消费文化和优秀传统文化中消费观念共同作用于青年消费行为、意识和观念

---

① 孙玉霞.论消费主义文化对青年思想道德建设的影响[J].思想教育研究,2008(7).
② 于洪波.解析消费主义对青年文化的影响[J].文化学刊,2016(8).
③ 宋智勇,段钊.从青年文化消费解析青年文化的变迁[J].科技创业月刊,2005(2).
④ 彭红艳,万美容.当代青年价值取向物质化现象的成因及效应[J].中国青年研究,2017(4).
⑤ 杨德霞.论消费主义与当代青年身份建构[J].当代青年研究,2013(2).

的机制中,在对青年消费现象进行阐释的同时,注重从文化结构中彰显中国消费主义文化的独特性,明确自身的运行逻辑。其二,重视青年消费体验研究。通过对青年消费体验进行研究,分析消费主义作为一种意义供给机制的特性,结合当代青年发展的历史语境,构建具有前瞻性、系统性、科学性的消费体验模型。其三,引导新的消费文化。全面梳理消费文化理论的演进史,对追求商品功能性价值、象征性价值、精神价值转变的时代特征进行分析,重视对新出现的"共生"消费现象的研究,结合中国青年消费的本土化特点,引导形成新的消费文化。

如何描述今天我们所处的时代?有学者指出,全球正处在一个"巨变的时代",人类社会出现了四次历史性大反转,即以美国为核心的单极体系式微、第三波民主退潮、资本主义全球化陷入困境、西方中心世界的没落。这背后有两个因素在共同起作用:一个是美国政治经济体制的日渐衰败,另一个是中国发展模式的异军突起。在这样的时代里,过去以西方文明判定的"进步"与"落后"的坐标已受到质疑,即与西方文明接轨的未必是"进步",与自身文化传承重新接轨未必是"落伍"[①]。在这样的历史语境中,中国发展模式和中国传统文化得到了前所未有的张扬,中国人的文化自信正在逐步增强。

如何看待今天我们进行的青年文化研究?在全球化、网络化、市场化等特征并存的现代社会,在以多元现代性为特征的21世纪,青年文化研究必须在这一大脉络下寻求治本之道。对传统文化与青年文化关系的认知也必须接受时代发展、社会思潮和现代进程的规制,唯其如此,才能恰当地实现对青年价值观的塑造,由此,"中华民族伟大复兴的中国梦终将在一代代青年

---

① 朱云汉.高思在云:中国兴起与全球秩序重组[M].北京:中国人民大学出版社,2015:3-5.

的接力奋斗中变为现实"①。

青年是传统文化的继承者、弘扬者和建设者,"赢得青年才能赢得未来,塑造青年才能塑造未来"②。中共中央办公厅、国务院办公厅发布的《关于实施中华优秀传统文化传承发展工程的意见》提出,要实施中华优秀传统文化传承发展工程,要坚持创造性转化和创新性发展原则,贯穿国民教育始终,融入生产生活,要着力构建有中国底蕴、中国特色的思想体系、学术体系和话语体系,③为传统文化与青年文化的融合发展提供政策支撑。我们应把握这一历史契机,深入挖掘这一课题的价值内涵,进一步激发青年文化的生机与活力,承担起时代赋予青年文化研究的历史重任。

第二节　全球化对青少年影响的文化研究

全球化对青少年的影响这一课题在 21 世纪初已引起了各界的重视,其强大的现实意义和前瞻性为人们所称道。然而,截至目前,全球化对青少年影响的概况、现状及发展趋势仍不甚明晰,从文化研究角度来分析,现在还处于模糊状态,如何应对全球化对青少年的影响,也缺乏鲜明的应对策略。因此,研究范式的革新对这一议题具有重要意义。

---

① 习近平.决胜全面建成小康社会,夺取新时代中国特色社会主义伟大胜利[M].北京:人民出版社,2017:70.
② 中共中央国务院.中长期青年发展规划(2016—2025 年)[N].中国青年报,2017-04-14(01-02).
③ 中共中央办公厅,国务院办公厅.关于实施中华优秀传统文化传承发展工程的意见[EB/OL].(2017-01-25)[2022-03-12].http://www.gov.cn/zhengce/2017-01/25/content_5163472.htm.

全球化对青少年影响的文化研究,应置于新兴交叉学科研究的范畴,主要涉及青少年研究、全球化理论、文化研究、社会学等多个领域,其从文化分析的角度探求青少年在全球化状态下的种种表现,并进而上升到检视青少年文化认同和文化意识的高度,以期在文化领域对全球化加之于青少年的负面影响进行梳理、分类、解析,最终致力于在国家战略层面上提出青少年应对全球化影响的文化策略,这是研究的重要目标之一。

一、概况

目前,全球化对青少年的影响这一课题仍为新兴课题,研究者围绕青少年研究做了较多的比较和影响研究式的论文,大多数研究主要集中在全球化对青少年价值观的影响、全球化对青少年教育的影响、全球化对青少年民族认同感的影响上。

(一) 全球化对青少年价值观的影响

这里主要分析全球化对我国青少年产生影响的历史沿革、发展趋势、方式和手段及原因,并力图在反思的基础上,期望掌握规律,构建应对全球化影响的青少年策略。

《全球化背景下西方文化对我国青年价值观的影响》一文指出,"全球化是当代最重要也是最迅猛的发展趋势,它已渗透到各国的经济、文化、科学、社会、政治等多个领域,已经成为国际社会最热门的话题。全球化趋势对中国青年的经济思想、政治思想和文化观念已经产生了深刻的影响"。在全球化背景的基础上,文章分析了全球化对中国青少年产生影响的四种形式:"大量现代学术思潮的传播、商业经济活动的方式、培养文化精英的教育哲学理念、文化艺术的直接交流。"文章认为:"随着现代化大众传播手段和文化市场的发展,形成了社会文化信息多渠道、多方面作用于中国青年的局面。在多种渠道中,影响较大的一是网络,二是电影电视,三是流行音乐。"而对此的应对策略为,"应当努力提升中国文化的世界竞争力,构造当代中国青年成长的优势文化生态",应"迎接挑战,参与沟通,培养具有社会主义现代价值观的中国青年",并且指出,"期望中国文化的现代化与世界化,走出一条'左右逢其源,上下契其机'的路子,为全球化背景下的我国青年的健康成长,创造一个良好的精神环境和文化环境"。①

《全球化与当代青年价值观的嬗变及其基本趋势》一文指出,经济、文化全球化的冲击是引起当代青年价值观嬗变的根本社会原因,价值取向多元化、思维方式多样化和价值理念丰富化是当代青年价值观嬗变的具体表现。面向新世纪,当代青年在实现自我的过程中,出现了更加务实的判断标准和现实化的趋向,又由于当代青年不断地调适自身利益与社会整体利益的矛盾和冲突,因而,他们的价值观与社会主导价值观之间的互动、趋近与整合的态势亦将更加明显。②

综合而言,上述对全球化之于青少年价值观影响的分析基本指出了这一现象的趋势,对其中的原因分析较有新意,应对策略方面尚有进一步深入和开拓的空间,特别是对全球化影响下的新兴培育方式的探讨,未能进入研究者的视野。

---

① 言玉梅.全球化背景下西方文化对我国青年价值观的影响[J].湘潭师范学院学报,2003(5).
② 孙召路.全球化与当代青年价值观的嬗变及其基本趋势[J].陕西青年管理干部学院学报,2003(2).

(二) 全球化对青少年教育的影响

这方面研究特别注重全球化背景的分析,研究范畴广泛,涉及德育、体育、流行文化、职业教育等众多方面。

《关于全球化与青少年创新能力培养的思考》一文指出,"我国加入世界贸易组织以及全球范围内政治、经济、科技的竞争日趋激烈的客观现实表明:谁具备扎实的科学知识、旺盛的创新能力以及人力资源,谁就能拥有经济实力和强大的综合国力,谁就能掌握世界政治经济的命脉和持续发展的主动权"。文章分析了培养青少年创新能力的原因,认为"培养具有创新能力的青少年一代是全球化时代的现实要求",并且指出了三个主要途径,即"营造有利于青少年创新能力培养的社会环境,构建有利于青少年创新能力培养的教育体制,树立能促进青少年创新能力培养的学习观念"[①]。

此外,还有为数众多的论文探讨了在全球化背景下的青少年教育,如"国外学校意识形态教育的特点与启示""全球化背景下多元文化教育的发展走向""全球化视域下人类理解的时代境遇及其德育路径""全球化与城市化背景下的职业适应型教育""全球化与教育""流行音乐全球化影响下高校流行音乐欣赏课的探讨""全球化语境中对传统武术发展的文化思考""论全

---

① 王淑玉.关于全球化与青少年创新能力培养的思考[J].陕西青年管理干部学院学报,2002(3).

球化与当代青少年同一性的发展"等。①

应该说,这些论文总体上对全球化背景给予了足够重视,并且将全球化语境视为青少年研究新趋势出现的必然条件,但对于什么是全球化及全球化的文化维度未能深入分析。

(三)全球化对青少年民族认同感的影响

学者们普遍对全球化影响下的民族文化认同有危机感,并对全球文化扩张产生的民族文化认同的弱化现象提出个性化的主张。②

《浅析文化主权与青少年国家民族意识》一文指出,"我国的文化主权现在受到两方面的挑战:一是以美国为代表的西方发达国家的文化霸权主义,二是周边国家对我国传统文化资源的'抢注'与争夺"。在此基础上,文章认为,"要维护文化主权、提升青少年的国家民族意识,需要在发展经济、建立社会主义先进文化、深入进行民族文化教育、保护民间文化、开展国际文化交流、建立文化安全预警机制等方面做出努力"。

《教育艺术》杂志在2003年下半年连续四期刊发"全球化与当代青年价值观"主题的系列文章,研究了全球化视域下当代青年民族认同感弱化、青

---

① 汪国培.国外学校意识形态教育的特点与启示[J].淮阴师范学院学报,2006(6);徐莉,何茜.全球化背景下多元文化教育的发展走向[J].比较教育研究,2005(12);陈志兴,王丽荣.全球化视域下人类理解的时代境遇及其德育路径[J].河南师范大学学报(哲学社会科学版),2010(1);张颖.全球化与城市化背景下的职业适应型教育[J].高等工程教育研究,2008(5);赵烁.全球化与教育[J].河北大学学报(哲学社会科学版),1999(9);段传娅.流行音乐全球化影响下高校流行音乐欣赏课的探讨[J].高等工程教育,2008(1);王震.全球化语境中对传统武术发展的文化思考[J].体育文化导刊,2006(5);潘绮敏,张卫,朱祖德.论全球化与当代青少年同一性的发展[J].华南师范大学学报(社会科学版),2004(2).

② 曹雁.浅析文化主权与青少年国家民族意识[J].长春大学学报,2009(1).

年道德价值观变化等问题。① 此外,还有论文从文化自觉、道德重建等方面进行对民族文化认同的阐释。②

青少年的民族文化认同问题在全球化进程中是一个非常重要的层面,全球化造成的后果或影响的主要方面即形成"全球文化",无论对所谓的全球文化有何看法,是同质化,还是异质化,还是第三种文化,民族国家的文化都会受到相应的冲击,加强文化认同是地方化对全球化的主要手段之一。上述文章在这个方面的意识比较强烈,但对全球化的影响,全球化的文化维度或称之为文化全球化的理论开掘还处于表层,分析也有些流于宽泛之嫌。

二、反思

以上三个方面的研究总体上体现了文化研究与青少年研究的融合发展意图,也对全球化的影响有所关注,但无论从研究的深度、广度,还是对现有状况的反思力度来讲,上述研究存在一些仍可商榷的地方。

---

① 郭海燕,刘艳军.全球化与当代青年价值观:全球化视域下当代青年民族认同感弱化的原因探析[J].教育艺术,2003(8);刘艳军,郭海燕.全球化与当代青年价值观<二>:全球化视域下当代青年道德价值观变化的特点[J].教育艺术,2003(9);郭海燕,刘艳军.全球化与当代青年价值观<三>:全球化视域下当代青年人生价值观的特点及其发展趋向[J].教育艺术,2003(10);刘艳军,郭海燕.全球化与当代青年价值观<四>:全球化视域下的理性分析及科学的应对之策[J].教育艺术,2003(11).
② 赵永富.全球化进程中的文化自觉[J].中国青年研究,2002(3);赵永富.全球化过程中中国青年道德的冲撞与重建[J].广西民族学院学报(哲学社会科学版),2002(2);赵永富.嬗变与导向:全球化与中国青年价值观[J].广西民族学院学报(哲学社会科学版),2002(3).

(一)应用研究广泛开展,实践层面各有特色,但反思力度不足

在全球化背景下青少年研究的领域较为宽阔,如青少年思想道德的培养,青少年对传统文化的认同、青少年的工作创新能力的培养等方面。进入21世纪以来,在全球化社会背景下对于青少年的应用研究,得到了长足发展,主要表现在青少年的工作和德育开展方面,形成了新特色,即突出实践性质。但由于学界学者仅限于对研究对象的现状、特征进行梳理和总结,研究的深度和广度开掘不够,不能深入其里,对于论题的溯源性工作并没有真正入手,这使此研究领域的工作仅限于泛泛而谈,反思力度不够。

(二)从研究对象来看,对青少年各个领域的研究较多,从文化影响的角度切入较少

当下,一些学者为青少年研究找到了一个共同发展的社会背景,即全球化。全球化对青少年诸领域的影响成为学界讨论的主要话题。但是此话题的研究现状表现出一个重要的特点:视野开阔,但深度不足,缺乏融通和内在理路,因而很难从总体上把握全球化对青少年的影响的形成、发展,缺乏内在理路又使得这一研究淹没于表现方式形形色色、实质却并无差别的研究范式之中。众多的价值判断和情感取向证明,全球化在文化层面上展开是最稳定、最持久、最具有解释力的,而分析全球化对青少年的文化影响,能检查其他学者是如何提出和处理问题,最后尝试找到问题的根源的,并在梳理问题的过程中,他们找出文化这一具有本根性的思考脉络,从而使青少年研究更具有纵深性,更经得起拷问,而要做到这一点首先是要对研究方法和研究视野重新审视。

汤姆林森认为,"全球化(globalization)处于现代文化的中心地位;文化实践(cultural practice)处于全球化的中心地位","二者是一种相辅相成的关系"。而且他坚持认为,"我们这个时代所经历的、由全球化描绘的巨大的转型式进程,除非从文化的概念性词汇去着手,否则就很难得到恰如其分的理解"①。作为全球化研究的重要学者,他指出了全球化与文化的重要关系,同时也为我们开辟了新的理论场域,这也是在文化维度上深入研究全球化的影响。青少年毫无疑问处于全球化进程中,社会转型造成的巨大变革与落差将会一起,对他们的思维方式和思考对象进行清洗,这时候能够从文化的角度深入把握这一趋势或规律,将对青少年研究的深入大有裨益。

(三) 研究成果对现状和应对策略提出较多,很少从影响的过程与途径入手,而阐释和论证影响的过程,是解决问题的关键点

众多的研究成果,对于论题的现状和应对策略讲得较多,但很少从影响的途径入手进行阐释。近年来,置于全球化背景下的青少年研究一直发展缓慢,研究方法单一,深度不足:一方面侧重于与青少年民族意识、文化认同的理论融合,另一方面偏重于对实践本身深度欠缺的分析,而常常忽视了对于文化背景和环境的考量,未能形成大文化视野。

从方法论角度而言,描绘事物或趋势的过程远比阐释其后果或展望其未来要复杂。对于全球化的影响这样的课题而言,更是这样。一方面,全球化本身就是一种复杂的联结。汤姆林森指出,相互联系和互相依存构成了现代社会生活的特征,而全球化指的就是快速发展、不断密集的相互联系和互相依存的网络系统。全球化的概念是一种非同寻常、容量丰富的概念,产

---

① 汤姆林森.全球化与文化[M].郭英剑,译.南京:南京大学出版社,2004:1.

生了远远超出社会事实的思索、假设和强大的社会形象与隐喻。① 另一方面,全球化进程中青少年的影响因素涉及面广泛,表现在不同的层面上,如社会、经济、政治、文化,或者更为微观的层次,如传播媒介、文化认同、思想变革、行为方式、生活方式、消费理念等,从而形成杂乱无章的思想碎片和理解障碍,如果缺乏对过程的描写就会痛失把握形成因素的先机,只知结果,不知原因,最终提不出任何解决问题的办法。

三、应对策略

　　全球化涉及经济、政治、文化三个层面,而文化又是社会共同体因子中最持久、最稳定、最具影响力的。电子媒介时代和"地球村"的应运而生,促进了文化集中化、零散化及碎片化,同时也加速了全球化的复杂性、多变性、流动性及不稳定性。面对全球化进程的加速,文化的解释力也随之增强。要想深刻地理解全球化对青少年影响的过程、媒介、后果、对策等一系列问题,从全球化的文化维度入手进行文化研究是必然途径。一方面,这一论题主要限定于文化范畴。鉴于文化概念的繁复性,无论是深层文化,还是表层文化,都与青少年紧密相关。另一方面,从已有的研究成果来看,研究方法多集中于"量性的研究方法",也有一些学者试图通过问卷调查、数据分析等方法寻找影响青少年价值观的"确实因素"和"确实依据"②,但这样的定性与定量研究从方法论而言难以满足全球化语境下的文化分析的要求,因此

---

① 汤姆林森.全球化与文化[M].郭英剑,译.南京:南京大学出版社,2004:2.
② 王丽娟.我国青少年价值观研究三十年[EB/OL].(2009-02-03)[2022-03-12].http://www.cycs.org/ArtCoList.asp?Category=1&Column=395.

文化研究应当成为青少年研究重视的方法之一。

本书认为,研究范式的革新是应对当前全球化对青少年影响这一论题的重要手段。从全球化对青少年的影响入手,廓清其对青少年产生的文化影响及影响形成的过程、特点、机制,拓宽研究思路,达到在文化视野下对青少年文化的总体观照,进而为民族文化认同和青少年文化寻求更为宽广的路径和开放的空间,是这一文化研究的题中之意。

众所周知,研究事物的发展过程和运行机制,其难度要远远超出一般意义上的定性或定量研究。其研究方法属近年来有新意的少数几种之一,涉及众多领域的知识,具有较强的创新性。

研究事物的影响过程和路径,是从本源上阐释问题的发生和如何可能的问题,能够使研究对象的探讨从更深层次的角度展开,对于问题的开掘较深,不但涉及问题的根本,而且具有极强的现实意义,这也是研究者的研究目的和动机。

本书所指的文化研究方法,通过解析与探讨全球化对青少年的影响,把握全球化在文化维度上对青少年的影响的路径、过程及影响事实,进而就青少年文化对全球化的形成和运行机制产生的作用,和全球化视野下的青少年研究等问题进行探讨。

全球化对青少年的影响之一表现在"文化体验"层面。这种影响主要表现为文化体验带来的"亲近感"和文化体验的时空性。从不同国别的青年文学(如游记、散文等)、与青少年有关的电影和先锋艺术中挖掘不同的文化体验,分析其中的不同点和共同点,印证全球化对青少年在文化体验方面的影响,并寻求其影响的特点是一个重要的研究途径。

这种影响还表现为日常生活的理性化和同质化。法兰克福学派的勒费弗尔就重点关注日常生活的商品化。哈贝马斯则详细阐述了系统世界与生活世界之间的差异,赫勒把注意力放到了日常生活的异质性逐渐受同质化过程影响的方式上。

全球化对青少年的影响之二表现在"审美经验"层面。可从"非距离感""审美经验的泛化""差异性""民族审美经验的反抗"入手,探求其在审美层面上的表现。全球化带来审美经验的泛化倾向,更促进了民族审美经验的反抗,这一点在青少年文学、青少年文化符号、与青少年有关的电影和先锋艺术的美学倾向中显露无遗。廓清全球化与青少年在审美经验层面的联结,从哲学层面揭示审美诉求成为全球化不断扩张的内在动力。

在当前全球化的背景下,青少年的审美发展深受全球化的影响。媒介一方面为青少年提供了多元审美内质,满足了其审美需求,增加了其审美经验,提高了其审美能力;但另一方面,大众媒介又使得青少年的审美日益感官化、平面化,在审美内容上不断欲望化、消费化,并呈现出模式化、同质化的特征,从而在某种程度上演变为一种审美泛化。对此,政府、社会、家庭、学校各方面应共同努力、各司其职,以减少全球化的不良影响,积极推动青少年的审美发展。

全球化导致审美传播的泛化,媒质如音乐散文、诗歌 TV、动画、网络游戏、网络广告、互动电视、水幕电影等,刷新并冲击着人们的审美体验。审美对象的范围扩大了,并已经拓展到了大众日常生活的方方面面,于是,传统美学与生活格格不入的局面被打破,出现了所谓的审美的日常生活化,同样,在大众媒介中,一切日常生活也都被赋予了审美的观照。

全球化导致审美形式的变化,即图像增殖。当前,随着媒介技术尤其是图像技术的数字化,图像日益精美,除了电视、电影等视觉媒介,绘本、漫画受到读者欢迎,音乐、诗歌等配上了画面,网络上的视频日益繁多,以音乐为主的MP3变为以影像为主的MP4,小小的手机屏幕已开始接收图像信号,可以说,媒质正推动着图像的传播,数字化图像已经成为这个时代主要的审美表现形式。图像本身的审美特性越来越泛化,如今的数字图像技术更是冲击了图像的真实性,电影动用了数字技术来制作各种特效,数码照片可以任意合成和处理,网络游戏通过 3D 技术将虚拟空间变成真实世界。图像能否再现现实已无关痛痒,重要的是图像本身的审美再现。

全球化对青少年的影响之三表现在"传播媒介"层面。从"电子传媒的网络构型"方面入手,可以在物质层面上探讨连接问题。现代传媒技术加速了文化的交流,并在物质层面上促成了全球化的广泛扩张,而作为全球化的传播媒介,除了既有的现代传媒技术,青少年文化本身也是全球化的重要推手和载体,从全球化发生的几个时段来看,青少年文化作为媒介起到了重要作用。

电子媒介导致了一系列新的现象,加速了全球化和本土化的进程,通过时空分离或时空凝缩,"地球村"应运而生。电子媒介通过编码和解码把信息和作为工具的媒介分离,大大提高了传播的速度和广度,也在很大程度上增加了传输的信息量,使媒介的传播从视觉空间下的单向传播恢复到了听觉空间下的双向传播,同时克服了时间与空间的掣肘,使人们在借助媒介的情况下重新享受"面对面"的交流。

在鲍德里亚看来,媒介在当代社会中的加速作用,相当于从现代生产领域堕落到后现代模拟社会。因而,对鲍德里亚来说,后现代是一个由符号、代码和模型控制的模拟时代。现代性集中于物品——商品和产品——的生产,而后现代性则以激进的类制作和符号的激增为特征。此外,追随麦克卢汉,鲍德里亚将现代性阐释为一个商品化、机械化的过程,而将后现代社会看作一个内爆的场所,涉及高级文化与低级文化、现象与实在、传统哲学和社会理论所主张的每一种二元对立之间所有的边界、范围和差别。在鲍德里亚看来,伴随着符号和拟像在社会和日常生活的各个领域快速传播,广播媒介及电视蓬勃发展,成为后现代性的一个构成要素。到20世纪70年代末期,鲍德里亚将媒介阐释为主要的模拟机器。这台机器大量产生形象、符号、代码,而这些构成了(超)现实的独立领域并最终在日常生活和社会性的消除中起着重要作用。

应该指出,将全球化对青少年影响的文化分析作为主要研究对象,目前未见相关研究成果。将全球化理论与文化研究相结合,能够较为有效地避免文化研究的"巴尔干化"和不关注总体等弊端,对文化研究而言有理论上的补充和完善作用。以关系性思维贯穿本论题进行研究,在思维方法上有较强的创新意义,有利于全球化理论与文化研究理论的融合和延续。同时,这也开辟了青少年研究新的理论视角,即从全球化理论着手,解析青少年研究的文化意义。从审美经验层面入手,对全球化的文化维度进行观照,探求全球化的审美内涵,这是一项难度较大的创新工作。本书在此方面做了一些粗浅的工作,希望这一论题能够引起相关研究者的重视。

第三节 新媒介视域下的青年文化生成与变更

一、新媒介视域下的青年文化研究现状

传播媒介尤其是电子媒介,包括电话、电报、相机、广播、电影、电视等"信息方式",以及网络、手机、数字影视等"第二媒介",不仅建构了人与人之间的社会关系和信息沟通,而且深刻影响了既有的文化形态和生产方式。

在国外,媒介研究一直是人们关注的焦点,它不仅涉及技术层面,还涉及文化层面。许多传播学者,如梅尔文·L.德福勒、马歇尔·麦克卢汉、唐尼·史契瓦兹等,都比较深入地研究了电子媒介对文化建构的内在的和决定性的影响:从经验生活层面看,电子媒介成了一个基本的生活和生存元素,"深刻地改变了现象学意义上的现代生活经验"(尼克·史蒂文森);人与社会处于媒介化生存状态,"信息方式"取代了马克思理论中的"生产方式","消费"僭越了"生产",传统的生产社会转向消费社会;随着社会的转型,文化的内涵和形态也发生了本质性变化,电子媒介生产了一种由"拟像"建构的仿真的文化形态,瓦解了现代社会的表征逻辑;在文化观念上,快乐伦理取代了清教伦理,审美旨趣由拯救模式走向享乐快感化。其中,电子媒介与文学场建构的话题,在国外媒介学家那里被较为系统地阐释的并不多,显得有些零散,论者态度暧昧,论证亦较含蓄,而且多大而论之。如麦克卢汉提

出了新媒介造成了文化和审美的"声觉空间"转向,尼尔·波兹曼考察了审美文化的娱乐化运作机制,波斯特揭示了电子媒介如何促成了语言表征的崩溃以及主体理性的销蚀,费瑟斯通提出了"日常生活的审美呈现",阿瑟·丹托等人则提出了"艺术终结"论与"文学终结"论。

在我国,由于媒介运作水平相对落后于欧美发达国家,媒介研究同样相对滞后于西方,媒介文化所引发的问题在相当长的时间内没有得到国内学界的重视。20世纪90年代以来,这一局面得以扭转。首先,我国学者译介了有关西方传播学、大众文化、视觉文化的大量理论著作,为学界提供了可参考的理论资源。其次,国内学界开始大规模关注"文学终结"、媒介与审美文化、文学与图像、文学与影视、新传媒手段与文学,以及大众传媒时代的文学生产等问题,出现了一大批学术水平较高的成果,这些研究分别从美学、文艺学、思想史、艺术学以及传播学、社会学等领域展开探索。总的来看,我国学者虽已注意到当代文化的"媒介转向",即新媒介对传统文学、文化的深刻影响,但由于研究视域、重点及学术传统诸方面的原因,深入系统的研究尚处于起步阶段,大部分著作基本沿用西方理论以阐释中国问题,多停留于描述的层面,对于文学的前景持简单的悲观或乐观态度,缺乏较为明确的、深层次的问题意识,以及基于中国经验的理论创造。

本书通过对中国当代文化变迁的系统研究,对经典个案或文本的细读,以点带面,引导理论研究关注文本,从学理上回应"媒介转向"所提出的文化问题;同时着眼于经典个案的文本语境和特定的理论语境,通过文化文本与理论文本间的互文性阐释,建构当代文化理论与批评的价值资源。

二、新媒介对青少年文化研究影响的实践意义

新媒介视阈下的青少年文化建构与延展研究属于新兴交叉学科研究，主要涉及青少年研究、文化研究、社会学研究等多个领域，是在全球化的"新意识形态"下对媒介文化之于青少年影响的一次文化检视。其主要探求青少年在消费社会状态下的种种表现，进而对消费社会加之于青少年的负面作用进行梳理、分类、解析，在国家文化战略层面上，探究如何培养、提升青少年的文化认同和文化意识，建构科学、健康、和谐的青少年文化。

目前，人们围绕文化研究和青少年研究做了较多的比较研究和影响研究，大多数集中在价值观、中西青年价值观的比较、青少年教育、青少年的民族认同感等方面。这四个方面的研究总体上体现了文化研究与青少年研究的融合发展趋势，此外，研究者对媒介的影响亦有所关注。但是，无论是从研究的深度、广度，还是从对现有状况的反思力度来讲，上述研究仍然存在一些需要商榷的问题。进入21世纪以来，在全球化社会背景下媒介消费对青少年影响的应用研究得到了长足发展，主要表现在青少年的媒介消费行为和媒介消费心理开展方面形成了新特色——在媒介与青少年的价值观、德育建设等方面，突出了其实践性质。但由于学界仅限于梳理和总结对象的现状、特征，研究的深度和广度还不够，对于论题的溯源性工作并没有真正开始，因此，本研究领域的工作仅限于泛泛而谈，反思力度不够。

本书主要从媒介消费对青少年的影响入手，廓清其对青少年产生的文化影响及其形成的过程、特点、机制，以拓宽研究思路，达到在文化视野下对青少年文化的总体观照，进而为民族文化认同和青少年文化寻求更为宽广

的路径和开放的空间,这对于建构当代形态的青年文化、解决当前重大的文化问题、推进西方理论中国化进程具有重要意义。

本书把"青少年文化"置于与手机、网络、数字影视等新媒介的内在关联之中,研究"青少年"生产方式的新变,以及"青少年"与图像、影视、流行歌词、广告、博客、短信等文化形态之间的互动、流变,揭示当代青少年文化得以发展的媒介语境及其价值取向和表意方式的历史性变化。要切实研究好这一系列问题,既要有细致扎实的整理、比较分析的功夫,又要具备对其差异、特点的辨识能力。

青少年文化研究的重构面临两个重大问题:一是媒介文化语境中的"青少年文化"究竟是什么,二是媒介文化语境下"青少年文化"的意义何在。为此,本书集中研究了文学存在方式的多样性,对文化文学性的播撒作多维的透视。在已有青少年文化形态裂变之后,所重构的青少年文化形式将是一种媒介介入形成的混合体,须倡导抵制低俗消费的"诗性智慧",以重新考量青少年文化的地位、前途及存在方式,重建青少年文化与社会的审美关系。

三、新媒介对青少年文化研究影响的理论意义

本书着眼于当代中国媒介文化语境,以"文学场"的裂变与重构为研究对象,力图解决以下两个层面的问题。

一是实证研究,即从实证层面研究中国当代文学的现实存在状况,回归生活世界和审美实践。以往的文学研究往往定位于社会结构顶端和抽象的、思辨的理想王国,没有将历史和现实理解为人的生存活动的开展与生成。将目光专注于青年的交往与生存,不是简单地创建所谓的理论体系和

普遍实用的教条,而是立足于中国当代文化现实、实际生活,展开反思的、批判性的理性活动。因此,我们将通过大量的个案研究,切实关注青年日常的观念活动、交往活动和维持个体生存与再生产的活动,真实呈现不同阶层青年的生存状态及在此基础上的精神需求,将文学场的重构与青年日常生活的批判相互联结,使理论研究尽可能落到实处,以改造青年自然主义的文化模式,让他们在消费文化潮流中拥抱一种新的生存方式和文明价值,确立主体性的、创造性的、理性的和科学的文化模式,实现人自身的现代化。

二是文化研究,即运用社会学、艺术学、美学、传播学、符号学、语言学、图像学、政治经济学等其他学科的研究成果,以"文学场"为研究中心,立足当代中国经验,做出自己的批判性的回应和升华。另外,在解释特定文学现象背后复杂关联性的基础上,恰当地进行价值判断,并从中发现问题、提出问题、解决问题,力图使文艺理论研究切实地建筑在历史与现实的实践之上,做到不浮躁、不大言欺人、不贩卖移植,真正具备"接地"或"及物"的理论品格。

四、"文学场"的裂变对青少年文化研究的影响

在高度分化的社会里,社会世界是由大量相对独立的社会小世界构成的,这些社会小世界是"具有自身逻辑必然性的客观关系的空间",可视为某种"场域",即"一系列可能性位置空间的动态集合"(布迪厄语)。"文学场"是诸多"场域"之一,"社会场"或"权力场"是它的"元场域",其下又可划分为创作场、批评场、小说场、戏剧场、诗歌场等不同层次的子场域。占据"文学场"的"行动者",既包括个体的人,又包括组织机构。"文学场"是文学存

在的现实的具体的物质基础,它具体地指导着文学的存在和发展。

首先,我们将研究新媒介在现阶段对"文学场"之"元场域"——"社会场"的影响,关注新媒介的出现、发展所引发的"社会场"的重大变化,为把握现代文化语境中的"文学场"提供事实依据。其中,涉及当代中国文化由"审美文化"到"消费文化"的变迁,还有在这一转向中,"文学场"的"行动者",包括"知识分子"角色的变异(从"立法者"到"阐释者",从"公共知识分子"到"媒体知识分子",或由"知识分子文化"向"知道分子文化"的位移等)和作为读者的"阅读共同体"的流变;在此基础上,我们勾勒出精英文学、大众文学和网络文学三个代表性文学"次场域"的基本风貌,研究文学写作、批评及文学存在方式所发生的巨变(作者身份的多向化、创作形式的多元化、文本呈现的多样化等),以凸显新媒介重塑"文学场"的重大作用。

其次,围绕"文学场"的裂变这一主线,按照实证研究和文化研究相结合的研究进路,深入研究跨文体写作、超文本风潮、网络文学、互文性写作、日常生活审美化、图像时代学术策略等前沿问题。具体包括以下内容。

第一,图像时代文学性的播撒:视觉文化的兴起,社会审美文化转向"图像主导",文学与影视的结合(文学图像化、图像文学化等),文化的播撒(图像文化的增殖、真人秀节目、动漫等),文化自身的调整与应对(形式革新、普及经典等)。

第二,数码时代的读与写:国民阅读情况调查及反思(文学阅读的式微,"读图文化"),审美阅读的蜕变(由"沉思"到"漫游","心之眼"的迷失),作家的"写作"(从"笔耕"到"数字写作",从"独创"到"复制"),数码时代的学术研究("浏览、下载、粘贴、复制",学术泡沫化,没有美感的美学家)。

第三,面对网络时代的文学:网络传播、交往模式的嬗变及数字虚拟下的表意体制(数字化信息革命,虚拟空间的制作—销售—消费三位一体的传播模式,虚拟现实中的主体间性、客体的能指化流动)、博客写作(由审美体验到媒介制造、集体化文学生产、在场的感性修辞学,由"膜拜价值"到"商业价值")。

第四,微信文学之轻与重:作为"第五媒介"的手机("无线你的无限"——互联网的日常模式,手机的普及与生活方式、情感表达方式的改写)、文学与微信的联姻(微信文学的审美特征、微信文学的生存伦理、文学移动性、"游戏精神"与娱乐主义)、微信文学的文化症候与当代文学生态的重构。

第五,文本越界的文化奇观——广告与文学:作为生产幻觉的广告,个性化、专业化市场营销与时尚制造,商业与艺术的联姻("商业是艺术的最高形式"、欲望扩张与符号消费),作为开放性文本的广告(广告的文化内涵与价值重建)。

第六,感性的奇幻之舞:文学与音乐关系之溯源(音乐与文学的交构错置、涵容合一,音乐文学的诞生与演变,现代流行音乐的崛起与传播),现代流行歌词的存在形态、价值意义与观念的变革("摇滚乐"、流行歌词的"古典风",流行歌词的感性美学革命)。

第七,媒体批评与文学:媒体批评诸形态(文学事件、文学评奖)、文学评论的媒体化("酷评"、批评的价值与责任)、文学事件("商业性")、文学评奖("抢夺话语权")、媒体批评与当代文化场域重构(精英文化、主流文化与大众文化的有机融合)。

总之,在既有"文学场"裂变之后,所重构的"文学场"将可能是一种由一系列媒介发挥作用而形成的混合体,相应地,我们必须摆脱那种保守、静止的文学本质观,建立一种开放的、流动的文学观和文学研究观,倡导一种抵制低俗精神消费倾向的"诗性智慧",以重新考量文学的地位、前途及存在方式,重建文学与社会的审美关系。

　　与此同时,我们必须正视新媒介对既有文化、文学的冲击所产生的深刻影响,对"文学场"的裂变不能采取鸵鸟政策,而应承认事实,积极应对。"文学场"的重构面临两个重大问题:一是媒介文化语境中的"文学"究竟是什么,二是媒介文化语境下"文学"的意义何在。为此,我们应集中研究文学存在方式的多样性,对文学性的播撒做多维的透视。这对于创新研究方法、扩大研究范围、建构当代形态、解决当前纷纭复杂的文艺问题、推进西方理论的中国化进程都具有重要启示。

　　相关研究应基于对媒介文化语境中文学存在方式的实证考察,通过理论文本与文化文本的互文性阐发,把握文学性播撒的具体内容,使理论思考真正落到实处,体现内容的创新性。应调整以往研究态度上的过与不及,避免精英主义或民粹主义的阐释偏差,力图客观呈现新媒介对于"文学场"所产生的作用,展示"文学场"充满内在冲突与张力的现实状况。应采用文本细读、分类整理、跨学科与比较研究方法,注重实证研究与阐发研究的结合,如此既具有坚实的学理依据,又能充分拓展研究的视野与空间。

第二章

青年文化建设的制度性保障

中国共产党引领了青年文化发展,青年文化在自身逻辑体系中不断演进、迭代和反哺,①推进了中国共产党的创建,二者形成了积极的动态联结。我们通过党的创建与青年文化的研究,为新时代落实党的青年政策,促进青年发展,繁荣青年文化,发挥青年活力,引领青年力量,做出切实的努力。同时,党管青年是《中长期青年发展规划(2016—2025年)》(以下简称《规划》)首次提出的青年工作重大原则。"党和国家事业要发展,青年首先要发展",这是《规划》首次提出的青年发展重要理念。这两个首次,体现了党中央对青年工作的高度重视。坚持这一重大原则和重要理念,是我们推进《规划》实施,开展青年工作必须始终贯穿的一条主线。

第一节　中国共产党的创建与青年文化的动态联结

中共建党的历史,是一部不断推进马克思主义中国化的历史,是一部不断推进青年文化理论创新、进行理论创造的历史。青年文化发展也根据时代变化和实践发展,不断深化认识,总结经验,进行理论创新,坚持理论指导和实践探索辩证统一,实现了理论创新和实践创新良性互动。

我们期望通过对党的创建与青年文化的研究,进一步发展青年文化研究的深度和广度,为新时代落实党的青年政策,促进青年发展,繁荣青年文化,发挥青年活力,引领青年力量,做出切实的努力。

---

① 杨晶.演进·迭代·反哺:青年文化的当代阐释[M].北京:中国传媒大学出版社,2018:1.

一、"青年文化"的引出

梁启超在《少年中国说》中曾以"少年"寓意民族之复兴,"少年"作为富有朝气的一个生命层级被重视,同时,少年所意指的"进取""希望"演变成一种文化精神内涵。这种精神内涵所指代的"少年",成为中国希望之喻体。

陈独秀对"青春中国"的希望寄托于其"新青年"思想中,"惟属望于新鲜活泼之青年,有以自觉而奋斗耳"[1],寄希望于青年,望青年意识到自身责任,成为改变民族国家的最新力量,不负国家、社会、民族的期望。在《新青年》的发刊词《敬告青年》中,陈独秀指出:"青年如初春,如朝日,如百卉之萌动,如利刃之新发于硎,人生最可宝贵之时期也……人身遵新陈代谢之道则健康……社会遵新陈代谢之道则隆盛,陈腐朽败之分子充塞社会则社会亡。"[2]他对青年群体之于国家与民族的重要性做了深刻阐述。青年的奋发、活力给国家、民族、社会带来无限生机。

梁启超和陈独秀对于"少年"和"青年"的想象,是想象"少年中国""青年精神"的逻辑起点。国家的强盛要依靠"少年"和"青年"。《少年中国说》《敬告青年》中对于"少年""青年"精神的想象,体现的是以青年为喻体的现代文化。理想的青年就应该具备先进的技术文化并主宰着时代的变迁,对"青年"的发现,是现代性文化变迁的结果。

新青年的寓意与国家民族意识的兴起密不可分。随着青年群体在中国社会上的影响力逐日增强,五四新文化运动时期,青年已作为主要社会力

---

[1] 任建树.陈独秀著作选编:第一卷[M].北京:人民出版社,2009:158.
[2] 任建树.陈独秀著作选编:第一卷[M].北京:人民出版社,2009:158.

量,推动文化变革与社会进步。青年在新文化运动中充当了重要角色,①青年群体不但参与和推动了新文化运动,而且本身是新文化运动的实践者,同时,青年具有新文化精神内涵,并初步形成了"青年的社会文化"。

为此,我们认为,青年文化、"类似青年的社会文化"、"青年"及"青春期"被发现的过程,也是现代文化兴起的过程。青年文化包含两个层面:社会对青年群体的期待,青年本身对于这种期待的反应。② 这些因素对社会文化变迁的建构产生了深刻而丰富的影响。五四运动是倡导将现代精神与青年想象嫁接在一起的文化运动,伴随青年与文化的被确认,崇尚青年文化的思潮推动了文化运动发展。

社会对新青年、新少年有了初步想象,青年对这种期待和想象进行了自我认同,青年意识到自身在社会变革中所担当的不可替代的角色,青年文化随之产生了。同时,青年成为文化现代化必不可少的重要推手,而且青年创造的文化加速了文化现代化的进程。

二、文化对青年的召唤

召唤青年成为新文化运动的一项重要任务。在新文化领袖有意识地召唤之下,大批青年学生与青年知识分子成为五四新文化运动的重要追随者与实践者,青年知识分子的政治潜能被唤醒,成为担负文化与社会变革的新的文化主体与政治主体,并在此后的中国历史中产生了深远的影响力。

---

① 陈映芳.在角色与非角色之间[M].南京:江苏人民出版社,2002:5.
② 周维东.说不尽的新文化 说不尽的青年[J].社会科学,2021(2).

（一）社会和时代重心转移到青年群体

"青年阶层"的形成则是以科举的废除与新式教育的变革为契机的,①从社会结构上来看,在新文化运动之初,青年阶层与"新式教育"的出现,是召唤青年的前提条件,是把青年作为社会革新力量的现实基础。

"废除科举最深远的影响是导致以士农工商四大社会群体为基本要素的传统中国社会结构的解体,而在此社会变迁中受冲击最大的,则是四民之首的士这一社群,使士的存在成为一个历史,而新教育制度培养出的已是在社会上'自由浮动'的现代知识分子,且知识分子在中国社会中处于一种日益边缘化的境地。"②

新式教育真正产生大规模的社会影响力是在科举被废除之后,青年学生整体数量大增。据统计,"1904 年,学堂总数为 4,222 所,学生总数为 92,169 人;1907 年,学校总数达 37,888 所,学生总数为 1,024,988 人。如果以 1907 年学部统计为例,京师有学堂 127 所,直隶有 4,591 所,吉林有 1,526 所,湖北有 1,298 所,河南有 2,696 所,出现了'上有各府州县学堂之设立,下有爱国志士热心教育蒙学女学各种私学堂之设立'的前所未有的争相创办新式教育的局面"③。从洋务运动到民国初年,学生数量大增,新式教育的产生使青年学生成为较有影响力的社会阶层。另外,当时中国急需新的社会革新力量。毛泽东认为,现有的社会势力是不足以依赖的,应该求友造友、

---

① 李宗刚.新式教育与五四文学的发生[M].济南:齐鲁书社,2006:52.
② 罗志田.近代中国社会权势的转移:知识分子的边缘化与边缘知识分子的兴起[J].开放时代,1999(4).
③ 李宗刚.新式教育与五四文学的发生[M].济南:齐鲁书社,2006:52.

网罗人才,自造革新势力。① 青年恽代英直言当时的中国急于培养一种善势力:"窃尝谓今日世界,最要之事,为善势力之养成。"②

陈独秀提出寄希望于"新青年"是有现实社会基础的,而非处于纯粹理论层面的讨论,自洋务运动以来的新式教育,已经推动了大量受过新式教育的青年学生产生,他们以新式教育为渠道,逐渐独立于社会,"形成了一个有力的社会阶层,开始具备独立的政治与社会功能"③。因此,五四运动之初,陈独秀、李大钊等新文化运动的前行者为了开辟新的社会发展格局,呼唤青年,以青年为重要对象培养。实际上,新文化运动的前行者将希望寄予青年群体,这也意味着时代与社会重心转移到了青年上来。

(二)以《新青年》刊物为载体的文化运动对青年的召唤

新文化运动以各大刊物为主要阵地,发起了一场文化启蒙运动,对青年发出召唤。《新青年》杂志的定位是唤醒青年。强调"青年文化"定位是《新青年》杂志五四运动之前的第一个发展阶段。④ 甚至有研究者认为,"《新青年》为现代中国奉献了两个重要东西:一个是倡导启蒙文化运动,一个是倡导青春文化运动"⑤。

《新青年》对青年问题的关注,体现在《新青年》刊物命名、刊物定位的设置上,《新青年》持续发表了以"青年论述"为关键词的论文。以发刊词《敬

---

① 斯诺,等.早年毛泽东传记、史料与回忆[M].北京:生活·读书·新知三联书店,2011:312.
② 恽代英.实现生活[N].劳动,1918-06-20(15).
③ 陈映芳."青年"与中国的社会变迁[M].北京:社会科学文献出版,2007:31.
④ 王汎森.中国近代思想与学术的系谱[M].长春:吉林出版集团有限责任公司,2011:245-246.
⑤ 罗志田.近代中国社会权势的转移:知识分子的边缘化与边缘知识分子的兴起[J].开放时代,1999(4).

告青年》为首篇,《新青年》共刊发以"青年"为主要论题的文章30多篇。还有,《新青年》设置的"通信栏"对青年问题的关注则更为具体,更契合青年需要。

1915年杂志创刊,陈独秀便以《敬告青年》一文,明确提出唤醒青年是杂志的一大主旨,①他认为青年应担负起社会改造的责任。新文化运动将青年视为社会革新的重要力量。陈独秀认为青年是社会新鲜的细胞,是社会进化与新旧更替之源,推动历史进步的主体力量是青年,推动社会新生也在于青年。在此意义上,"新青年"应自觉承担革新社会的责任,形成充满生机与活力的社会价值观。发刊词《敬告青年》在时间上将青年比喻为"初春",在空间上将青年比喻为"细胞"。对青年做出新的定位:青年如初春,如朝日,如百卉之萌动,如利刃之新发于硎……青年之于社会,犹新鲜活泼细胞之在人身。②

继《新青年》后,又涌现了多本以青年研究为主题的刊物。如杂志《青年声》《独立青年》《青年之光》等,在涉猎青年研究的论文中,自1915年陈独秀在《新青年》创刊号上发表《敬告青年》起,到1921年刊载《列宁与青年》《新青年》等30多篇讨论"青年问题"的文章,一时以"青年"为主题的研究纷纷呈现。

对于青年的召唤,还体现在以"青春"为内核推动新的家庭、国家、民族与人类发展上,从根本上激发青年自身所具有的社会革新力量。

李大钊在《新青年》第2卷第1号的《青春》中,从历史哲学角度对"新青年"这一社会革新力量给予了回应。在《青春》一文中,李大钊以"青春"指代自身所处的时代与社会,青年的自觉在于"青春"的自觉,以"青春之我"作

---

① 魏建,毕绪龙.《新青年》与"新青年"[J].文学评论,2007(4).
② 陈独秀.陈独秀著作选编(1897—1918):第一卷[M].上海:上海人民出版社,2008:158.

为历史发展的动力之源,创造"青春之家庭""青春之国家""青春之民族""青春之人类""青春之地球""青春之宇宙"。①

以进化论的历史观阐释青年是社会与历史革新的力量,青年具有社会革新和历史革新的功能,青年与社会之间是抵抗性的又是紧密联结的。作为社会革新的主体,青年负有推动历史与社会不断进步的责任。总之,新文化运动的前行者察觉到了青年群体所蕴含的推动社会变革的力量,将培养"新青年"作为新文化运动的主要目标,召唤"新青年"的到来。

三、青年先进文化传播为推动党的创建发挥了作用

中国共产党的诞生与青年先进文化存在着密切联系,青年先进文化的传播多以宣传"进步青年"的刊物为载体。从1915年9月《新青年》创刊起,以"进步青年"为主题的刊物多宣传马克思主义理论。与此同时,中国共产党的创始人多受这些进步青年刊物的影响,他们都是这些刊物的作者或读者,一些进步青年刊物编辑部成为中国共产党的活动阵地。如《新青年》就成了中国共产党早期组织的机关。青年先进文化更多在《新青年》杂志的主创者和进步青年中广泛传播,并推动了中国共产党的创立。

(一)以《新青年》等刊物为载体的先进文化思想影响了部分青年群体,为党的创建做好了思想准备

1917年1月,《新青年》编辑部成为新文化运动的主要阵地。《新青年》编委会以北京大学为依托成立。编委会成员多数是进步的民主派或自由派

---

① 李大钊.李大钊全集:第一卷[M].北京:人民出版社,2006:192.

人士,他们团结起来倡导"科学与民主"。《新青年》刊物吸引了中国大部分先进青年,这些青年成为新文化运动发起的主力。

据统计,1920年4月至6月《新青年》杂志运作时期,在老渔阳里2号出入的早期共产党人达50余人,其中有俞秀松、施存统、包惠僧等人。以《新青年》编辑部为中心,社会上逐步形成共产主义信仰者群体,这为中国共产党的创建储备了骨干力量,做好了组织准备。

同时,大批知识分子的思想大解放深受《新青年》的影响。《新青年》在最初创刊的一年多,刊发的数量就在1,000册左右,到1918年后,《新青年》刊发数达20,000册,社会影响力颇大。毛泽东就曾在保安(现志丹县)接受斯诺访谈时说道:"《新青年》是有名的新文化运动杂志,当我在师范学校学习的时候,就开始读这个杂志了。"① 当时,一些先进青年认识和学习马克思主义,逐渐拥有了坚定的马克思主义信仰,并成为推动中国社会发展的主要力量。先进青年不断探索中国特色马克思主义理论发展道路,在革命实践中发展马克思主义理论,推动了党的创建,并推动了马克思主义的中国化。

20世纪,一些中国颇具影响力的报刊多是高举民主科学大旗、传播马克思主义思想的武库。它们传播马克思主义思想,为新时代下马克思主义中国化的发展和创新做出了重要贡献。

(二)先进文化影响了进步青年群体,推动了党的创建,为党的创建提供了组织保证

先进文化迅速吸引了一批进步青年,社会上逐步形成了一个特有的新青年群体。他们在马克思主义传播和中国共产党的创建中,都发挥了重要作用。

---

① 斯诺,等.早年毛泽东传记、史料与回忆[M].北京:生活·读书·新知三联书店,2011:312.

青年先进文化是孕育中国早期马克思主义者的摇篮。中国共产党早期组织成员及早期著名活动家的革命实践,大多与青年先进文化有着间接或直接的联系。他们传播青年先进文化,并以青年先进文化为主体逐渐形成共产主义知识分子群体,为中国共产党的创建提供了组织保证。

此外,早期革命家受到青年先进文化的影响,从《新青年》等进步刊物中受到启发。如李一氓阅读《共产主义 ABC》《向导》《共产党宣言》等进步刊物,彭德怀也是《新青年》等马克思主义理论刊物的读者,宋时轮与左权、蔡申熙等发起"社会主义研究社",开始大量阅读载有马克思主义理论的进步书刊,逐渐形成了共产主义思想。

总之,在新文化运动中,作为青年先进文化传播阵地的《新青年》等刊物,宣传了马克思主义思想。青年先进文化在中国共产党的创建中,起到了组建骨干、培育队伍、推动建党的作用,并且在中国共产党创建后,《新青年》刊物成了党的机关刊物,继续为党的建设发挥作用。

四、党的创建时期中国共产党人对青年先进文化的引领

(一) 中国共产党人引领青年宣传马克思主义学说

十月革命后,《新青年》以传播马克思主义思想为主题,"《新青年》第八卷以前,对社会主义的倾向全没有具体化。但《新青年》自第六卷起,渐注重

社会问题,到第七卷的下半,便显然看出马克思主义的倾向了"①。

1923—1925年,结合中国实际情况宣传马克思主义理论的著作越来越多。陈独秀的《二十七年以来国民运动中所得教训》,瞿秋白的《中国革命中之武装斗争问题》《自民治主义至社会主义》,彭述之的《谁是中国国民革命之领导者》等著作大量涌现。同时,马克思主义相关的译著也随之而来,如斯大林的《列宁主义之民族问题的原理》《列宁主义概论》,布哈林的《社会主义的社会之基本条件和新经济政策》《马克思主义者的列宁》,列宁的《俄罗斯革命之五年》《民族殖民地问题》《亚洲的醒悟》等。

一些宣传先进文化的刊物对马克思主义、社会主义、共产主义进行了艰辛的理论探索。这一时期发表的马克思主义文章,被称为"马克思主义(研究)专号",对马克思主义理论进行了阐释,将马克思主义研究推向新高度。《新青年》刊物于1919年5月出版了"马克思主义专号",陆续登载了《马克思的唯物史观》《马克思学说》《我的马克思主义观》《马克思之资本论(读书录)》等文章,介绍和说明马克思主义的唯物史观。

(二)中国共产党人引领青年在文化实践中推动马克思主义的中国化

共产党人引领青年在文化实践中推动马克思主义中国化的发展。《新青年》的中心任务就是"研究中国现实的政治经济状况……解释社会现状,解决现实的社会问题,分析现实的社会运动","成为中国无产阶级的罗针"。② 为加强马克思主义与中国工人运动相结合,1920年3月,《新青年》

---

① 中国社会科学院近代史研究室.五四运动回忆录(续)[M].北京:中国社会科学出版社,1979:178.
② 瞿秋白.新青年之新宣言[J].新青年,1923(1).

的"劳动节纪念号"刊载有关工人运动情况的调查报告多篇,反映南京、山西、江苏、长沙等地的工人、劳动组织的生存状况,并在这些地方的工人运动中大力宣传马克思主义理论,为中国共产党的创立奠定了阶级基础。

共产党运用通俗易懂的语言推进马克思主义大众化,即实现"最高限度的马克思主义通俗化"①。《新青年》提倡白话,在《社会主义批评》和《马克思学说》等文章中,陈独秀通过一些具体事例如纺织厂、茶碗、茶壶等说明资本家如何剥削工人劳动成果,以提升劳动者的思想觉悟。

共产党人引领青年对马克思主义中国化的实际情况进行思考。1920年,《社会主义与社会运动》一文指出:"社会主义因各地、各时之情形不同,务求其适合者行之,遂发生共性与特性结合的一种新制度。"②以李大钊为代表的新文化运动的先行者们开始思考中国的实际国情。1923—1924年,《谁是中国国民革命之领导者》《自民治主义至社会主义》等文章,提出无产阶级领导权问题,对马克思主义中国化做进一步探讨。在《国民会议与五卅运动》中,瞿秋白对中国共产党领导下的国民革命联合战线的重要意义进行了介绍,为实现马克思主义中国化、为中国共产党建党奠定了深厚的历史根基。

五、中国共产党以民族复兴的历史自觉引领青年文化发展

民族复兴是中国共产党的使命和追求,也是青年文化发展的目标。李

---

① 列宁.列宁全集:第36卷[M].中共中央马克思恩格斯列宁斯大林著作编译局,编译.北京:人民出版社,1985:468.
② 朱文通,等.李大钊全集:第四卷[M].石家庄:河北教育出版社,1999:5.

大钊提出"青春中国之再生",陈独秀呼唤"民族更新"的强烈愿景,这些都孕育着民族复兴的话语。

中国共产党自产生起就肩负实现中华民族伟大复兴的使命。中国共产党在不同历史时期以各种措施使青年文化运动与人民群众实践相结合,让青年与人民群众的力量结合起来,为中华民族伟大复兴而奋斗。

据统计,2017年30岁及以下年龄段的中国共产党党员有一千多万,其中一部分党员未经历过革命年代的历练,对党的历史及党的初心不够了解。因此,党的十九大以"不忘初心、牢记使命"为主题开展党的教育。以中国共产主义运动先行者们坚毅高尚的品格为榜样,这是新时代的青年党员守住初心、履行使命的先决条件。

百年前,在国家民族危亡之际,新青年是探索国家发展和民族自救自强之路的主动力。青年在新文化运动中发挥着不可替代的重要作用,新青年成为国家救亡图存的重要力量。由此,实现民族复兴伟大目标,更需要青年一代接续奋斗,当今,中华民族在历史上比任何时期更接近伟大复兴目标。青年是实现中华民族伟大复兴这一场接力跑的主要力量。

当前,新时代中国青年要发扬五四精神,以实现中华民族伟大复兴为己任,不辜负党和人民的期望、不辜负民族的期望。新时代中国青年要勇于奋斗,完善自己,方能担当起民族复兴大任。

青年勇敢担当起民族复兴大任,需要中国共产党的引领。当前,党和政府在青年工作方面加大力度,以凝聚青年、服务青年,做青年的知心人为工作思路,增强青年的凝聚力、组织力和号召力。中国青年与新时代主题同频共振,我们党引领新时代中国青年为实现中华民族伟大复兴梦砥砺奋斗。

中国共产党波澜壮阔的历史进程,展示了共产党人的远见卓识和蓬勃向上的青春力量,为我们留下了一笔丰厚的历史财富。这其中,中国共产党在不同阶段引领了青年文化繁荣发展,青年文化在自身逻辑体系中不断演进、迭代和反哺,又推进了中国共产党的发展,二者形成了积极的动态联结。建党的精神需要承续,青年文化的理论务求创新。当前,青年文化的逻辑、特点、动态、规律,以及与其他文化的关联性、平衡性、结构性等方面的研究仍需要不断深化和完善。青年文化在发展中也会随着时代变化和社会发展,深化认识、更好地完成理论和实践的良性互动,充满活力地向前发展并展现出推动社会变革的巨大能量。

第二节 《中长期青年发展规划(2016—2025)》学习辅导读本(文化建设)

一、青年文化领域发展目标的针对性

《规划》明确了青年文化的发展目标为:"传承中华优秀传统文化,弘扬社会主义先进文化;青年文化活动更加丰富,文化精品不断增多,传播能力大幅提升,人才队伍发展壮大,服务设施、机构和体制更加健全;青年对提升国家文化软实力贡献率显著提高。"上述内容涵盖了青年文化发展的各类要素,具有系统性和协同性,构成了青年文化发展的自有体系,包括根本目标、发展载体、基本保障和主体效应等内容,并明确了上述内容的定量和定性指标,是青年文化发展的行动指南,具有很强的针对性。

(一)《规划》明确了青年文化发展的根本目标

青年文化发展的根本目标是发挥"文以化之"的时代任务,引导青年传承中华优秀传统文化,弘扬社会主义先进文化。博大精深的中华优秀传统文化是我们在世界文化激荡中站稳脚跟的根基。近年来,习近平总书记多

次强调中华传统文化的历史影响和重要意义,赋予其新的时代内涵,并提出培育和弘扬社会主义核心价值观必须立足中华优秀传统文化。抛弃传统,丢掉根本,就等于割断了自己的精神命脉。要加强对中国人民和中华民族的优秀文化和光荣历史的正面宣传,加强爱国主义、集体主义、社会主义教育,引导青少年树立和坚持正确的历史观、民族观、国家观、文化观,增强中国人的骨气和傲气;要坚持社会主义先进文化的前进方向,用社会主义核心价值观凝聚共识、汇聚力量。

(二)《规划》明确了青年文化发展的载体

文化活动和文化精品是文化传承发展的重要载体,丰富多样的文化活动和不断增多的文化精品,不但能提炼出中华文化的精神标识,更能展示文化的当代价值和世界意义,不断满足青年不断增长和变化的文化需求。要通过广泛开展优秀文化作品全国性巡展、巡演和优秀传统文化艺术展示交流活动,创造互学互鉴的良好氛围,引导青年积极参与文化遗产保护、传统工艺振兴、民间文艺传承,让中华传统文化在青年心中扎根延续。要以校园文化、企业文化、军营文化、乡村文化、社区文化、社团文化、网络文化为载体,加强基层特色文化品牌建设,注重内容与形式相结合,提升青年文化素养。要发挥国家级重大工程项目和评奖的引导带动作用,不断提升优秀网络文化产品的供给能力和传播能力,切实加强对青年题材重点选题项目的扶持,鼓励创作生产更多更好的文化精品。

(三)《规划》明确了青年文化的基本保障

青年文化发展需要坚实的保障,包括人才支撑、服务设施和机构、运行机制和传播能力等方面。要在社会层面努力营造鼓励创新、宽容失败的良好氛围;要优化人才成长的环境,发现和培养开拓型人才、开创型人才,特别是具有跨学科发展能力的复合型人才,造就一大批德艺双馨的名家大师,形成一支宏大的文化艺术人才队伍。要加强服务设施和机构的建设,尽快补齐文化设施不健全、利用率不高等短板,推进均衡发展。在国家层面,要形成支持青年文化创新的体制机制,提前谋划好制度方面的顶层设计,要进一步畅通运行机制,减少运行环节,降低运行成本。当前,随着互联网的快速发展,文化活动和文化精品的网络属性越来越明显,这对新时代青年文化的发展提出新的要求,要充分利用网络提高运行效率,提升文化传播的效力。

(四)《规划》明确了青年文化发展的主体效应

赢得青年才能赢得未来,塑造青年才能塑造未来。青年文化发展的最终落脚点是要有利于青年的成长。因此,《规划》提出了青年文化发展的主体效应是青年对提升国家文化软实力的贡献率显著提高。在经济全球化的时代潮流中,国家的文化软实力对"人类命运共同体"的形成,具有十分重要的意义,而构成国家文化软实力的要素中,青年文化和青年群体具有重要作用。进入21世纪以来,科技发展日新月异,以人工智能、量子信息技术、虚拟现实和生物技术为主的全新技术革命,从根本上实现了生产生活方式的转变,为经济增长带来了新动能,青年文化发展必须要跟上这一步伐,大力激发创新创造活力,培育适应新时代发展的青年人才,发挥其在文化领域的主体作用,才能推进国家文化软实力持续增长。

二、加强文化精品创作生产的途径

(一) 创作生产文化精品是新时代青年文化高质量发展的必然要求

文化精品是传承中华优秀传统文化、弘扬社会主义先进文化的重要载体,是全面反映人类文明优秀成果、系统展现中华文明丰硕成就的集大成者,而创作生产文化精品是推进青年文化建设的重要手段,是新时代青年文化高质量发展的必然要求。

当前,文化精品的创作生产面临着诸多新形势、新情况和新问题,集中表现在两个方面:一是文化精品的有效供给不足,与广大青年的需求不相适应;二是传播文化精品的能力不强,与文化精品承担的重要功能不相适应。针对上述问题,需要我们始终保持改革的定力,牢固树立以社会效益为先、以受众为中心的改革发展理念,坚持目标导向和问题导向,全力以赴深化改革,加强内容建设,充分发挥政策的引领带动作用,多出精品,并不断扩大有效传播。为此,《规划》明确提出了通过发挥国家级重大工程项目和评奖的引领带动作用、提升优秀网络文化产品供给能力和传播能力、加强对青年题材重点选题项目的扶持等三个途径来加强文化精品创作生产。

(二)选择文化精品创作生产途径的主要原因

1.国家级重大工程项目和评奖对文化精品创作生产具有重要的引领带动作用

"五个一工程"、国家舞台艺术精品创作工程、中国艺术节、中国文化艺术政府奖、中国新闻奖、中国出版政府奖等国家级重大工程项目和评奖,具有雄厚的资金支持、国家级的荣誉激励,是对获奖的作品和个人的社会价值的高度肯定,因而具有强烈的引导示范和带动作用,将青年文化人才的创作纳入上述工程和评奖,可以充分体现国家政策导向,形成激励效应。

2.网络文化产品是弘扬社会主义核心价值观的重要阵地

当前,互联网已成为构建未来生存与发展空间不可或缺的结构性要素,是意识形态的重要阵地,是诸多文化新业态发生发展的重要推动力,因此,青年文化建设能否实现对网络文化的引领,意义重大。而实现对网络文化的引领重在保护网络文化知识产权,扶持高质量网络文化产品的生产,加强网络文化的内容供给,推动微电影、动漫、游戏等内容创作创新,提升网络文化的传播实效,使网络文化正能量更充沛、主旋律更高昂,进而实现网络文化自觉。

3.青年题材重点选题项目需要政策扶持

相对于当下流行的文化娱乐题材产品来说,青年题材特别是其中严肃题材的图书、影视、音乐、舞蹈、戏剧、曲艺和美术方面的作品仍属于"小众"

市场,其创作生产、发行和推广都难以实现市场化。而各大出版发行企业因市场供求和经营需要,也对此类题材敬而远之,这需要国家艺术基金、国家出版基金等文化发展基金给予政策倾斜,对青年题材文化精品实行全流程支持,避免因市场因素使青年题材创作生产萎缩。

(三) 加强文化精品创作生产应关注的重点问题

文化精品的创作生产应坚持全流程管理,主要做好创作生产的前端即选题策划环节、中端即创作生产环节、后端即传播推广环节的工作。

1. 选题策划环节应坚持正确导向、树立世界眼光、发掘内容资源、提升原创能力

要紧紧围绕中国特色社会主义和"中国梦"这一主题主线,紧紧围绕为民族塑魂这一历史使命,以习近平新时代中国特色社会主义思想为指导,努力打造传播当代中国价值、体现中华文化精神、反映人民审美追求、展现改革发展成就的"高峰"之作,着力用主流价值观念占领文化市场。习近平总书记指出,一部好的作品,应该是把社会效益放在首位,当社会效益和经济效益发生矛盾时,经济效益要服从社会效益,市场价值要服从社会价值。社会效益是出版事业追求的首要目标,为了让更多的读者能享受到文化艺术带来的精神养料,文化精品必须符合读者的阅读习惯,能提高读者的阅读水平,坚持专业化,注重大众化。精品出自精心策划,要及时紧扣时代主题,并将其与人民群众的精神文化需要正确联系起来,这是打造精品和维护好精品的保证。

2.创作生产环节应坚持"工匠精神"

坚持"培育精益求精的工匠精神",不仅体现在物质生产领域,精神文化产品生产领域更需要"工匠精神"。对利益驱动下粗制滥造的"攒书"、只讲销量不讲质量、只讲经济效益不讲社会责任行为的摒弃,意味着相关从业者对文化作品制作的一丝不苟、字斟句酌、追求完美、精益求精。行业从业者在自己的专业领域长期坚持,深耕细作,一心一意地做好工作,最忌讳浮躁和功利。应引导网站自觉培育和践行社会主义核心价值观,始终坚持经济效益和社会效益相统一,坚决反对以"标题党""重口味内容"等形式增加点击量,吸引眼球,自觉抵制生产低俗、庸俗、媚俗的网络文化产品行为,创作更多积极向上的网络文化产品。

3.传播推广环节应加强能力建设

当下,推动中华文化走向世界已成为我国文化发展的重要议题之一。加强文化精品的传播推广是文化"走出去"的关键环节。应围绕让国外读者想要读、喜欢读、读得懂的目标,不断创新方式方法,积极探索如何以通俗的表达、专业的视角组织内容,如何用中西对话的方式做好营销推广,努力提高主题出版物"走出去"的传播效果,向世界展示中国文化魅力、发展活力和综合实力。应不断加强国际传播能力建设,精心构建对外话语体系,增强对外话语的创造力、感召力、公信力,讲好中国故事,传播好中国声音,阐释好中国特色。应综合运用大众传播、群体传播、人际传播方式,全力推进"互联网+出版"线上线下一体化发展的内容生产和传播体系建设,加快构建全方位、多层次、宽领域的文化"走出去"格局。

三、如何进一步丰富青年文化活动

(一) 把握青年文化活动的时代特征

青年文化是具有鲜明时代特征和青年特点的价值认知体系,青年文化活动是青年文化传承发展的重要载体,是直接面向青年的传播终端,具有鲜明的明代特征。从需求层面看,青年群体对文化活动的需求急剧增长,文化消费不断增长,同时对文化活动的数量、类型、质量、风格的需求呈多元的趋势。从品质层面看,青年文化活动的品位要求逐步提高,他们对于读书会、舞会、卡拉 OK 比赛等"传统"团体文娱活动不再感兴趣,而是更倾向于提高自身文化素养,陶冶个人情操的文化活动以及提高个人身体素质的体育活动,比如话剧、音乐会和野外团体生存训练、真人实战模拟训练等。从时尚层面看,青年对时尚文化活动具有浓厚的兴趣,主要集中在网络文化活动、流行文化活动、品牌文化活动、影视文化活动等方面,品牌文化活动在青年中成为一种潮流,成为青年追求的目标。总体来看,青年文化活动需求日趋旺盛,品质化、时尚化和多样化特征明显。与此同时,在青年文化活动实践中,也存在诸多需要改善的问题,如青年文化活动内容单一,形式呆板,缺乏吸引力;部分活动看似内容丰富,却不可持续;城市青年文化活动与农村文化活动发展不平衡;网络文化活动存在两难困境等,青年文化活动需要转型升级。

(二)不断创新青年文化活动的形式

基于青年文化活动的时代特征和存在的问题,亟须创新文化活动形式,要充分尊重和体现青年的特点,紧密结合青年成长的实际,针对青年的需求设计筹划活动,及时关注青年文化活动的需求变化,满足青年的需求,表达青年的意愿,促进青年文化发展,为此《规划》明确了要丰富青年文化活动的发展方向和重点。

1.广泛开展优秀文化作品全国性巡展巡演

优秀文化作品是全面反映人类文明优秀成果、系统展现中华文明丰硕成就的集大成者,是传统与现代、历史与未来在文化领域深度融合的产物,具有强大的感召力。利用现代信息科学技术,开展各种形式的优秀文化作品全国性巡展巡演,将不断扩大优秀作品的传播范围,提升其影响力和感召力,形成示范效应。如对书法、绘画、音乐、歌舞等传统优秀文化作品以传统方式进行展演,也可借助现代网络信息科技对音乐和歌舞进行网上展演,进一步降低成本,提高普及率。

2.开展优秀传统文化艺术展示交流活动

要用传统来引导青年,用时尚来吸引青年,坚持以创造性转化、创新性发展来传承中华优秀传统文化,深入挖掘中华优秀传统文化的时代价值,通过开展传统文化艺术展示交流活动,引导青年积极参与文化遗产保护、传统工艺振兴、民间文艺传承。要开展各种形式的展示交流活动,利用游学、社会实践、假期调查、青年训练营等形式,让青年深度接触传统工艺、非物质文化遗产、民间文艺等,不断提升参与度,感受到传统文化艺术的吸引力。

3.加强基层特色文化品牌建设

基层青年文化活动是文化活动中最为活跃的元素,要充分发挥其多载体、多形式的优势,以校园文化、企业文化、军营文化、乡村文化、社区文化、社团文化、网络文化为载体,结合地域文化,形成各具特色的基层文化品牌;加大政策和资金支持力度,推动基层特色文化品牌可持续发展;引导和支持有条件的地区实现基层特色文化品牌市场化,推动青年人均年度图书阅读量和艺术鉴赏、科普水平逐年提高。

4.加强青年文化国际交流合作

青年文化的国际交流合作是文化"走出去"的重要路径,是文化软实力不断增强的表现。要加强中国青年与各国青年的人文交流,学习、吸收、借鉴世界优秀文化成果,讲好中国故事,传播好中国声音,不断提升文化自信。要利用各类国际舞台,打造青年文化国际交流合作品牌活动,不断开阔视野,增强文化人才队伍与世界对话的能力,提升他们的整体素质。抓住国际文化市场变化的新机遇,加强青年文化国际交流合作,学习国际前沿管理理念、创意思路和运营模式。

(三)丰富青年文化活动应关注的几个问题

1.要坚持内容与形式有机统一

既要加大青年文化活动形式的创新力度,提升吸引力,也要避免一味追求现代声光电技术,造成形式炫酷、内容空洞等现象。要大力开展融思想性、知识性、趣味性、服务性于一体的对青少年有较强吸引力的文化活动。要坚持理论武装,提高政治理论素养,帮助青年构筑强大的精神支柱。要实现传统文化与时尚文化相结合,引导青年养成正确的文化活动需求和文化活动消费。

2.要坚持城市与农村青年文化活动平衡发展

要充分了解城乡青年文化活动的需求差异,实施分类指导,通过政策引导来推动城市青年文化活动与农村青年文化活动的平衡发展。注重在农村和城市中共同开展青年文化活动,要鼓励和支持农村青年文化活动结合本地文化特色和农村发展实际,以多种形式开展。要结合重大活动、事件和节庆日,如在中秋、元旦等节庆日或纪念日,组织开展各种主题文化活动,提升活动的关注度和影响力。

3.要坚持民族文化与世界青年文化相结合

要创新运用"请进来、走出去"的策略,广泛开展国际交流,推动青年文化活动的国际化,在交流、合作、融合的过程当中,不断提升青年文化活动的国际竞争力。

青年人才成长关乎国家发展和民族未来。青年文化人才肩负时代使命,是文化生产的主体、文化创作的主力军,文化产业发展的先锋队,在提升国家文化影响力和软实力方面发挥着重要作用。当前,我国文化领域的青年高级职称人才数量相对偏少,文化创意、文化研究、文化经营管理、媒体融合发展及国际文化合作等高端人才紧缺,供求矛盾比较突出,人才效应发挥不够显著,文化人才队伍体制机制建设相对滞后,尚未完全建立起与市场经济相适应的事业发展和人事管理体制，制约了青年文化人才资源开发的步伐。同时，时代的变革不断加快，全球文化人才竞争和我国文化"走出去"等新时代的新任务，对青年人才发展提出了更高要求。青年文化人才的培养应在尊重人才发展规律和时代特点的前提下有序推进，既要解决当前的供需矛盾，也要具有前瞻性。

四、如何培养青年文化人才

（一）实施青年文化人才培养计划，着力解决文化领域高端人才匮乏的问题

1.青年文化人才培养的方向和路径

当前，要着力解决高端文化人才的供需矛盾，必然要实行有规划的培养计划。《规划》提出，要通过全国文化名家暨"四个一批"人才培养工程、文化产业人才培养工程、非物质文化遗产传承人、新闻出版广播影视领军人才和互联网创新人才培养等项目，实施青年文化人才培养计划，既明确了青年文化人才培养的方向，也明确了实现的路径。如全国文化名家暨"四个一批"人才培养工程，重点培养一批造诣高深、成就突出、影响广泛的宣传思想文化领域杰出人才、领军人物和各类高层次专门人才，是国家级专项计划，主要涉及理论、新闻、出版、文艺4个领域。文化产业人才培养工程，重点培养影视、传媒、出版、数字内容、演艺、设计、广告、高端文化装备、工艺美术和文化经营管理等领域人才，主要为了加强文化产业化进程。非物质文化遗产

传承人,重点培养一批"非遗"传承人,主要解决"非遗"的传承和发展问题。新闻出版广播影视领军人才和互联网创新人才培养计划,则重点面向影视和互联网等新兴业态的发展,解决人才瓶颈问题。

2. 加强对复合型青年文化人才的资助

随着互联网的广泛应用和更新迭代,全球化时代的文化交流更加频繁,合作更加深入,文化产业的布局更加全球化,不同文化间的交流和碰撞,产生了巨大的张力,推动了人类文化进程,这其中,复合型文化人才扮演了重要角色。为尽快补上这一短板,《规划》提出要资助具备文化创新能力、掌握现代传媒技术、熟悉国际人文交流、善于经营管理的青年文化人才主持重大课题研究,领衔重点文化项目。未来将依托学校、社科研究、文化创意、新闻出版、公共文化服务等机构,积极扶持青年优秀文化人才主持重大课题,领衔重点项目,鼓励他们大力开展文化及教育的研究、创作和推广工作。同时,积极引导和促成团队研究创新成果与经济社会发展需要的对接、转化和应用,通过团队建设,带动人才整体素质提升,促进转型发展。

(二)加强后备文化人才队伍建设,着力夯实人才储备基础

1. 加强后备文化人才队伍建设的主要方式是培训

后备文化人才是青年文化人才的战略储备,主要通过培训的方式提升文化人才专业素养和职业能力。培训应坚持针对性与创新性相结合,既要满足当前后备文化人才执业需求,也要突出未来发展需求导向。当前,文化产业发展迅速,但创意、生产、管理及国际合作等方面的从业人员仍然是刚需,特别是文化产业全流程管理的复合型人才缺口较大,因此,要面向青年文化工作者开展文化创意服务、文化生产实践、文化经营管理、媒体融合发展、国际合作规则等方面的培训。

2.要形成政府主导、企业为主体、社会参与的培训格局

青年后备人才的培训应有明确的规划,要分步骤开展。培训师资应坚持专业化和国际化,要充分发挥高等院校、社科机构、大型文化企业及国际文化机构的作用,保持专业化与国际化水准,加强对文化市场急需的"运营与管理""创意开发""艺术品牌的设计、管理、沟通与营销"等方面人才的培养,通过现场教学、问答对话、实地调研、实习等多种形式,提升培训的吸引力。

3.要理顺青年后备人才管理机制

要着眼于后备人才流动性大等特点,建立长效的后备人才管理机制,强化分类管理,实施培训追踪,形成培训与执业相互促进、管理与择业相互促进的新模式,凝聚文化研究、创作、表演、传播、经营、管理、志愿服务等方面的青年人才,解决人才短缺问题。

五、优化青年文化环境

（一）优化青年文化环境的必要性

1.文化环境对青年文化发展具有重要作用

文化环境是人类主体的实践活动赖以进行的自然条件、社会条件和文化条件的总和，具有渗透性、可塑性、动态性和复杂性等特征，它影响着人们的价值选择、思维方式和行为趋向，对青年发展具有重要作用。文化环境塑造人的思想行为及价值观念，其凭借强大的感染熏陶和整合教化功能潜移默化地塑造着生活于其中的人们的思维方式、行为习惯、价值观念和道德规范等。青年文化环境是整体文化环境的一个子系统，其发展受到整体文化环境的影响。一般来讲，文化环境作为一种客观存在，它本身具有两面性特质，良好的文化环境能对青年文化的发展产生积极影响，不良文化环境会对其产生阻碍作用。

2.后现代因素对青年文化建设产生影响

青年文化是社会文化中最为活跃的因子，易受外来文化影响。当前，后现代因素对当代青年文化发展的消极影响日益明显。一方面，青年时尚文化呈现低俗倾向，时尚用语变异，哗众取宠，符号文化把丑恶、阴暗甚至反动的东西当作个性与时髦。青年文化商业化严重，文化产品被大批量地复制、生产和销售,文化成为人们日常生活中的消费品。青年价值标准日益多元化,导致了选择迷茫、尺度遗失、价值标准虚无化。另一方面,青年文化理性缺失,平面化和无深度的文化,导致了青年理解力下降。行为方式异化,日常行为规范被无情地瓦解。人类的价值理念是由当时所遇到的、既定的文化环境所塑造的,后现代语境是当前文化环境的重要表现之一,其负面影响若不及时加以遏制,将对青年文化发展形成阻碍。

(二)优化青年文化环境的手段

青年文化是一个开放的系统,它的形成和发展受许多因素影响,丰富传播内容和扩大传播范围是关键环节,也是形成良好文化环境的重要抓手,我们要以此推动形成社会认知广泛、参与度不断提高的青年文化环境。

1.大力宣传青年在推动社会发展中的积极作用

广大青年是社会发展中最为活跃、最有生气、最具有创造性的力量,蕴含着推动历史发展和社会前进的强劲能量,是中国梦实现的开拓者、奉献者。要从增设青年栏目、丰富传播内容、扩大传播范围入手,充分发挥青年典型的示范作用,最大限度地调动青年人才创新创业的积极性。要鼓励和支持有条件的报刊、电台、电视台、新闻网站设立青年栏目、节目,发挥包括中央媒体、省级媒体等各级各类媒体作用,形成青年文化传播体系。要鼓励和支持各级各类媒体,着眼于新时代青年文化建设的新形势和新要求,制作和传播有益于青年健康成长的内容,将时尚、传统、审美、情怀等文化因素有机融合,形成丰富多彩的青年文化内容。要利用政策手段,鼓励各类媒体增加青年题材报道内容和播出时间,进一步扩大受众覆盖面,不断彰显青年在推动社会发展中的积极作用。

2.引导青年追求高尚的精神、文明的生活方式和树立正确的消费观念

针对当前文化语境中存在的低俗文化、后现代颓废的生活方式以及不理性的消费观念,引导各类报刊和网络重点栏目、电视和院线黄金时段,增加优秀青年文化精品的宣传内容、频次,争夺文化传播主导权。运用丰富多样的载体形式,充实和丰富主要媒体网上革命文化、红色文化和社会主义先进文化等优秀内容,宣传优秀青年文化精品。同时,推进中华优秀传统文化媒介转化,把传统文化引入网络文化和影视全媒体生产。结合重大纪念活动、重要纪念日、民族传统节日等,加强宣传中华优秀传统文化蕴含的思想观念、人文精神、道德规范,大力弘扬民族精神和时代精神。要强化全媒体的文化生产自觉行为,始终坚持经济效益和社会效益相统一,自觉抵制生产低俗、庸俗、媚俗的网络文化产品行为,创作更多积极向上的网络文化。

3.推进公共文化设施免费开放,增强针对青年群体的服务功能

要通过公共文化服务,进一步降低青年群体获取文化的成本。要加强公共文化服务数字化建设,统筹建设全国文化信息资源共享工程以及数字博物馆建设等,构建标准统一、互联互通的公共数字文化服务网络。进一步向青年群体开放公共文化资源,推动网络文化共建共享,借助大数据、云计算、人工智能等新技术,拓展公共数字文化覆盖范围。要注重强化网络与现实互动,实现虚拟网络和现实工作的相互转化。通过工作与网络的互动,不断扩大活动在青少年中的影响力和覆盖面,使新媒体平台成为共青团面向青年重要的组织和动员方式。推动市场力量和专业力量深度合作,推广与社会组织和企业合作方面的经验做法。

六、青年文化建设需要政策扶持

青年文化建设需要得到强有力的政策支持。依据市场导向原则和服务型政府建设的要求,政府要着力在规划、政策等宏观导向上优化政府的服务职能,增强服务意识,形成宏观引导、微观服务的全新服务模式,为推动青年文化建设提供保证。《规划》明确了加强青年文化建设的多项政策支持,主要包括支持基础理论研究、支持文化企事业单位发展、完善公益性演出补贴制度、促进民间资本增加投入、鼓励文化产品无偿使用、重大节日免费服务、鼓励青年文化阵地承接服务等。

(一)加强文化理论研究,引领和指导青年文化实践

文化理论研究是加强青年文化建设的理论支撑,对青年文化实践具有指导作用。当前,青年文化价值观呈现出多元化的趋势,在全球化大潮、当代消费社会和新媒介社会的影响和裹挟下,青年文化的分化与整合、冲突与协调、传统与创新等问题日趋明显,注重青年文化与时代的互动,从青年文化实践中研究青年,是青年文化研究的实践经验和理论要求。针对当前文化理论研究存在的基础弱、吸收效果差、理论对实践的指导性不强等问题,要加强文化理论研究。要以习近平新时代中国特色社会主义思想为指导,不断加强文化理论的研究力度,及时掌握青年文化需求、文化观念、文化潮流的动态变化,引领和指导青年文化实践。要加强基础学科建设,以政策支持和资金支持的方式,加强对传统文化与青年文化、后现代文化的影响与对

策、当代中国文化潮流发展流变、全球化与中国文化"走出去"等课题的研究。

(二)扶持文化企事业单位发展

文化企业事业单位是青年文化建设的重要基础性力量。要对以服务青年为主要功能的报社、杂志社、出版社、网站等文化企业事业单位实行统一的扶持政策,通过减免税收、水电气价格优惠、专项资金补贴等手段,支持文化企业事业单位发展,对有一定规模、品牌知名度较好的企业,要引导其加强市场竞争力,进一步提高政府为青年提供公共文化服务的水平。对事业单位举办的青年文化进入校园、社区、乡村、家庭等活动给予资金支持。

(三)完善公益性演出补贴制度

青年艺术表演团体需要成长空间,其公益演出需要政策资金补贴,以充分发挥其公益性作用。要通过票价补贴、剧场运营补贴等方式,支持青年艺术表演团体公益演出,把思想道德建设内容融入其中,充分发挥对青年人的教育引导功能。要加快构建公共一体化服务体系,按照体现公益性、基本性、均等性、便利性的要求,坚持政府主导,加大投入力度,在重点文化惠民工程中考虑青年艺术表演团体的公益性演出,加强公共文化基础设施建设,促进基本公共服务均等化,为青年艺术表演团体创造更好的发展环境。

(四) 促进各类资本对青年文化事业的投入

要吸引和凝聚各类资本的投资意愿,加大对青年文化事业的投入,形成多渠道资金来源,搞活文化投资市场。要促进企业和民间资本增加对青年文化事业的投入,要利用政策杠杆,加大对企业和民间资本投入文化事业的支持力度,在民间资本投资收益、股权比例等方面实行更加优惠的政策。要鼓励将国家投资或拥有版权的文化产品无偿用于公益性青年文化活动和服务,在加大知识产权保护力度的同时,进一步提升文化知识产权的公益性。要鼓励和支持各类文化单位在五四青年节面向青年开展免费或低收费文化活动,为其提供文化服务。各级文化、文物部门可通过媒体、公共文化单位向青年等社会群体提供免费服务,方便青年了解和使用优质文化资源。

(五) 鼓励社会力量承接青年文化服务项目

青年文化阵地、青年文化团体等社会力量是推进青年文化建设的重要参与力量。要引导和支持其参与青年文化服务,在实践中不断提升能力和水平,构建青年文化事业多元共建机制。要采取政府购买、项目补贴、定向资助等方式,鼓励青年文化阵地、青年文化团体等社会力量承接青年文化服务项目,加强文化服务主体培育,积极引导社会力量介入和参与。

第三章

北京青年文化与闲暇活动现状及发展趋势

在社会新转型期,随着信息化的加剧,新技术的来临以及消费主义大潮的冲击,世界格局发生了整体性变革,北京青年群体在文化、娱乐与消费方面的变化也愈加明显。为此,对于文化、娱乐与消费等相关领域的调查颇具现实意义。本部分调查研究主要关注了以下四部分内容:最关注的社会角色和最希望成为的社会角色;对不同网络信息的关注度;周末最主要做的事;网络使用情况。以不同视角切入这四个层面,透视出北京青年群体整体文化和闲暇活动状态。其中,这些调查数据和分析能够为以下几方面提供必要的理论借鉴和实践资源:理解北京青年文化,理解北京青年群体对社会历史文化变迁做出的回应与思索,认识新转型期社会历史文化变迁对北京青年影响。

第一节 北京青年的文化活动

一、最关注的社会角色和最希望成为的社会角色

总体上,被调查的北京青年最关注的社会角色依次是企业家/实业家、父母、影视明星偶像,最希望成为的社会角色依次是企业家/实业家、教师、自由职业者。详见图3-1。

不同调查主体最关注的社会角色和最希望成为的社会角色不尽相同。其中,高校学生最关注的社会角色依次是父母、教师、影视明星偶像,农民工

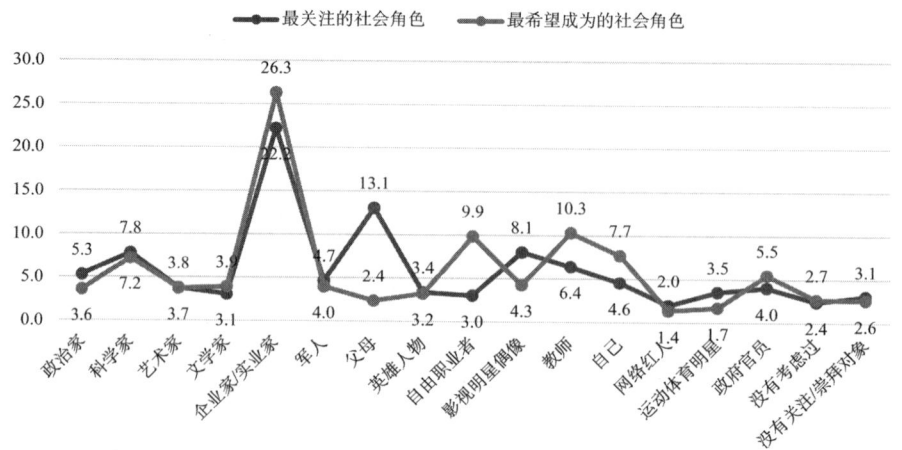

图 3-1 北京青年最关注的社会角色和最希望成为的社会角色

和白领最关注的社会角色依次是企业家/实业家、父母、科学家,高校教师最关注的社会角色依次是企业家/实业家、父母、教师,公务员最关注的社会角色依次是企业家/实业家、父母、政府官员。高校学生最希望成为的社会角色依次是教师、自己、自由职业者,农民工最希望成为的社会角色依次是企业家/实业家、自由职业者、科学家,高校教师最希望成为的社会角色依次是企业家/实业家、教师、自由职业者,公务员最希望成为的社会角色依次是企业家/实业家、政府官员、政治家,白领最希望成为的社会角色依次是企业家/实业家、自由职业者、自己。

不同婚姻状况的北京青年最关注的社会角色和最希望成为的社会角色不尽相同。其中,未婚北京青年最关注的社会角色依次是父母、企业家/实业家、影视明星偶像,已婚北京青年最关注的社会角色依次是企业家/实业家、父母、科学家。未婚北京青年最希望成为的社会角色依次是企业家/实业家、教师、自由职业者,已婚北京青年最希望成为的社会角色依次是企业家/实业家、科学家、自由职业者。详见图 3-2。

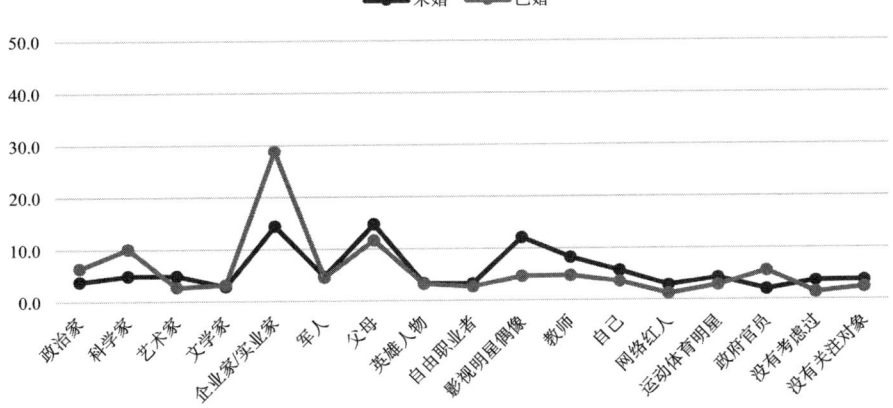

图 3-2　不同婚姻状况的北京青年最关注的社会角色

不同性别北京青年最关注的社会角色和最希望成为的社会角色不尽相同。其中,男性最关注的社会角色依次是企业家/实业家、科学家、父母,女性最关注的社会角色依次是企业家/实业家、父母、影视明星偶像。男性最希望成为的社会角色依次是企业家/实业家、科学家、自由职业者,女性最希望成为的社会角色依次是企业家/实业家、教师、自由职业者。详见图3-3和图3-4。

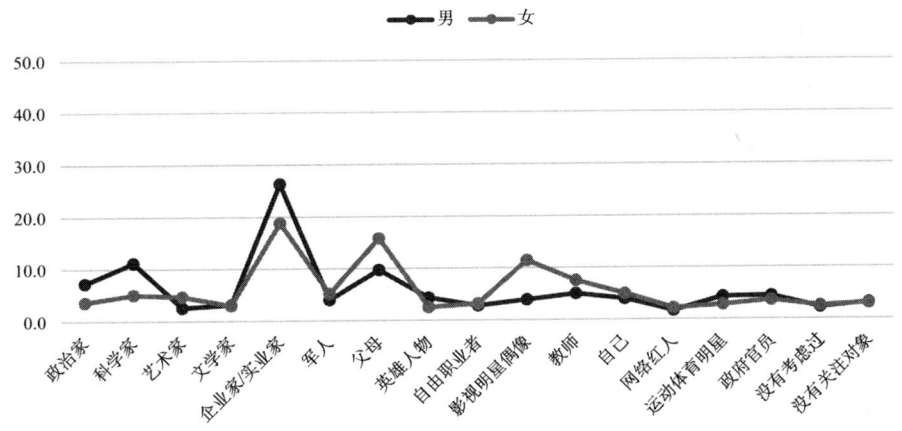

图 3-3　不同性别的北京青年最关注的社会角色

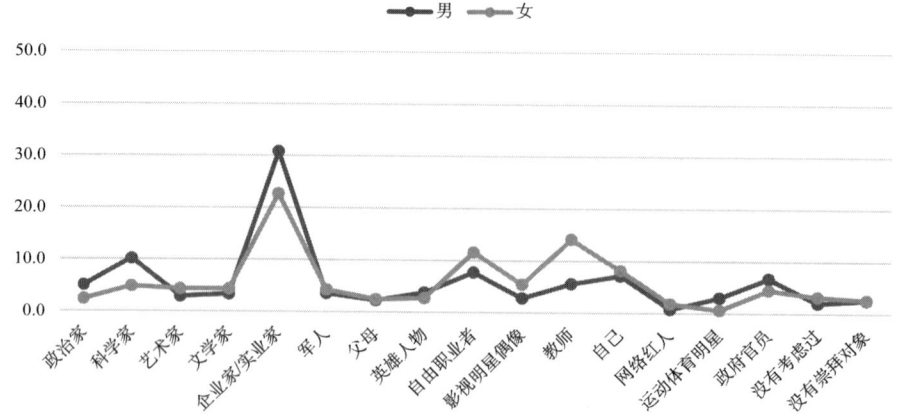

图3-4 不同性别的北京青年最希望成为的社会角色

不同年龄的北京青年最关注的社会角色和最希望成为的社会角色不尽相同。其中,18—24岁北京青年最关注的社会角色依次是父母、影视明星偶像、企业家/实业家,25—29岁和30—34岁北京青年最关注的社会角色依次是企业家/实业家、父母、科学家,35—44岁北京青年最关注的社会角色依次是企业家/实业家、科学家、父母。18—24岁北京青年最希望成为的社会角色依次是教师、企业家/实业家、自由职业者,25—29岁北京青年最希望成为的社会角色依次是企业家/实业家、自由职业者、自己,30—34岁北京青年最希望成为的社会角色依次是企业家/实业家、自由职业者、政府官员,35—44岁北京青年最希望成为的社会角色依次是企业家/实业家、科学家、自由职业者。详见表3-1。

表 3-1　不同年龄的北京青年最关注的社会角色和最希望成为的社会角色(单位:%)

	最关注的社会角色				最希望成为的社会角色			
	18—24岁	25—29岁	30—34岁	35—44岁	18—24岁	25—29岁	30—34岁	35—44岁
政治家	3.1	5.1	5.7	8.0	2.0	3.4	3.1	6.1
科学家	3.5	9.0	10.5	10.8	3.8	7.5	7.4	11.4
艺术家	5.6	3.6	2.6	2.1	4.5	4.6	2.3	2.8
文学家	2.7	5.1	2.6	2.3	3.5	3.6	3.7	4.7
企业家/实业家	12.3	23.5	30.7	28.8	15.3	30.1	38.1	30.3
军人	5.6	3.6	5.1	3.8	5.4	2.2	3.1	4.0
父母	15.5	14.1	11.6	9.8	1.7	2.4	2.6	3.0
英雄人物	3.7	2.4	3.4	3.6	2.7	4.9	3.7	2.3
自由职业者	3.4	2.9	2.0	3.2	11.6	10.9	8.2	7.8
影视明星偶像	13.6	6.3	6.0	3.4	6.5	5.6	2.8	1.1
教师	8.9	6.3	4.0	4.7	19.5	5.1	5.4	5.3
自己	5.9	3.6	3.1	4.4	8.9	8.7	6.3	6.3
网络红人	3.0	1.5	1.4	1.3	2.1	1.2	0.3	1.1
运动体育明星	4.5	3.4	3.1	2.5	1.6	1.0	2.3	2.1
政府官员	2.0	3.4	5.4	6.3	4.2	3.6	8.2	6.6
没有考虑过	3.1	2.7	2.0	1.5	3.2	2.7	2.0	2.3
没有关注/崇拜对象	3.5	3.4	0.9	3.6	3.5	2.4	0.6	2.8

不同户籍所在地的北京青年最关注的社会角色和最希望成为的社会角色不尽相同。其中,北京和天津户籍的北京青年最关注的社会角色依次是企业家/实业家、父母、影视明星偶像,河北户籍的北京青年最关注的社会角色依次是企业家/实业家、政治家、父母,其他地区户籍的北京青年最关注的社会角色依次是企业家/实业家、父母、科学家。北京户籍的北京青年最希望成为的社会角色依次是企业家/实业家、教师、自由职业者,天津户籍的北

京青年最希望成为的社会角色依次是企业家/实业家、自由职业者、政治家，河北户籍的北京青年最希望成为的社会角色依次是企业家/实业家、自由职业者、科学家，其他地区户籍的北京青年最希望成为的社会角色依次是企业家/实业家、自由职业者、自己。详见表3-2。

表3-2　不同户籍所在地的北京青年最关注的社会角色和最希望成为的社会角色（单位：%）

	最关注的社会角色				最希望成为的社会角色			
	北京	天津	河北	其他地区	北京	天津	河北	其他地区
政治家	5.0	3.2	10.8	4.8	3.9	8.6	1.5	2.6
科学家	7.3	5.4	6.9	9.4	6.8	5.4	9.2	7.8
艺术家	4.6	1.1	0.8	3.1	4.2	4.3	0.8	3.2
文学家	2.4	0.0	5.4	4.3	3.4	3.2	7.7	4.1
企业家/实业家	19.2	25.8	24.6	27.1	25.2	21.5	32.3	27.9
军人	4.4	4.3	5.4	5.1	3.6	3.2	3.8	4.8
父母	14.4	15.1	10.8	10.6	2.4	2.2	3.1	2.2
英雄人物	3.4	5.4	4.6	2.6	3.3	1.1	4.6	3.1
自由职业者	2.3	3.2	5.4	3.9	7.7	10.8	13.8	13.1
影视明星偶像	9.2	8.6	3.8	6.5	4.8	4.3	5.4	2.9
教师	8.1	7.5	2.3	3.7	13.8	5.4	3.8	5.5
自己	4.8	6.5	3.8	3.9	7.4	8.6	6.2	8.5
网络红人	2.2	1.1	0.8	1.9	1.5	1.1	0.0	1.4
运动体育明星	4.2	1.1	3.8	2.4	1.8	1.1	1.5	1.5
政府官员	3.8	6.5	5.4	3.7	5.7	8.6	3.1	4.9
没有考虑过	2.3	1.1	1.5	3.1	2.5	2.2	0.0	3.6
没有关注/崇拜对象	2.4	4.3	3.8	4.1	1.9	8.6	3.1	2.9

在北京居住时间不同的北京青年最关注的社会角色和最希望成为的社会角色不尽相同。其中,在北京居住0.5—1年(不含1年)的北京青年最关注的社会角色依次是企业家/实业家、父母、自由职业者,在北京居住1—3年(不含3年)的北京青年最关注的社会角色依次是企业家/实业家、父母、军人,在北京居住3—5年(不含5年)和10年及以上的北京青年最关注的社会角色依次是企业家/实业家、父母、影视明星偶像,在北京居住5—10年(不含10年)的北京青年最关注的社会角色依次是企业家/实业家、父母、科学家。在北京居住0.5—1年(不含1年)的北京青年最希望成为的社会角色依次是自由职业者、企业家/实业家、教师,在北京居住1—3年(不含3年)的北京青年最希望成为的社会角色依次是企业家/实业家、自由职业者、自己,在北京居住3—5年(不含5年)的北京青年最希望成为的社会角色依次是企业家/实业家、自由职业者、科学家,在北京居住5—10年(不含10年)的北京青年最希望成为的社会角色依次是企业家/实业家、自由职业者、政府官员,在北京居住10年及以上的北京青年最希望成为的社会角色依次是企业家/实业家、教师、自己。详见表3-3。

表3-3 在北京居住时间不同的北京青年最关注的社会角色和最希望成为的社会角色(单位:%)

	最关注的社会角色					最希望成为的社会角色				
	0.5—1年(不含1年)	1—3年(不含3年)	3—5年(不含5年)	5—10年(不含10年)	10年及以上	0.5—1年(不含1年)	1—3年(不含3年)	3—5年(不含5年)	5—10年(不含10年)	10年及以上
政治家	2.2	3.4	4.5	6.1	5.5	4.3	2.7	2.0	3.2	4.0
科学家	4.3	6.8	6.1	10.6	7.7	4.3	3.4	8.6	7.7	7.3
艺术家	4.3	3.4	5.3	1.6	4.0	4.3	3.4	2.4	2.9	4.2

续表

	最关注的社会角色					最希望成为的社会角色				
	0.5—1年(不含1年)	1—3年(不含3年)	3—5年(不含5年)	5—10年(不含10年)	10年及以上	0.5—1年(不含1年)	1—3年(不含3年)	3—5年(不含5年)	5—10年(不含10年)	10年及以上
文学家	0.0	4.8	2.9	2.3	3.2	4.3	6.8	4.9	3.2	3.5
企业家/实业家	37.0	19.9	27.3	29.7	19.1	21.7	23.3	26.5	33.2	25.1
军人	4.3	8.2	5.3	3.2	4.5	4.3	6.2	4.9	3.5	3.6
父母	15.2	13.7	12.2	12.3	13.2	0.0	2.1	2.9	1.6	2.6
英雄人物	2.2	2.1	4.9	3.2	3.3	0.0	2.7	2.9	3.5	3.4
自由职业者	6.5	4.8	3.3	4.2	2.3	23.9	15.1	15.1	11.3	7.3
影视明星偶像	4.3	6.8	8.6	6.5	8.6	4.3	3.4	2.4	2.3	5.2
教师	0.0	6.2	5.7	2.6	7.7	10.9	6.2	6.1	5.5	12.8
自己	2.2	3.4	2.9	1.9	5.7	10.9	11.0	6.5	6.5	7.7
网络红人	0.0	1.4	0.8	1.6	2.4	0.0	2.7	0.8	0.3	1.6
运动体育明星	4.3	2.7	2.4	3.2	3.8	0.0	0.7	1.6	1.3	2.0
政府官员	6.5	2.7	2.0	4.2	4.4	2.2	2.7	5.7	8.4	5.1
没有考虑过	2.2	2.1	2.9	2.9	2.2	2.2	2.1	2.4	2.9	2.7
没有关注/崇拜对象	4.3	7.5	2.9	3.9	2.3	2.2	5.5	4.1	2.6	2.0

二、对不同网络信息的关注度

总体上,被调查的北京青年对各种网络信息的关注度由高到低依次为各类时事、政治新闻(信息)(3.92分),社会文化新闻(信息)(3.89分),专业技术、学习(培训)信息(3.83分),科技信息(3.78分),生活服务信息(3.77分),购物信息(3.66分),休闲、旅游信息(3.63分),娱乐、体育新闻(信息)(3.59分),中国内地(大陆)、中国港澳台地区电影/电视剧(3.44分),金融证券信息(3.39分),求职、招聘信息(3.38分),美国、欧洲电影/电视剧(3.36分),游戏、电子竞技新闻(信息)(3.13分),日、韩电影/电视剧(3.05分),婚恋、交友信息(2.88分)。详见图3-5。

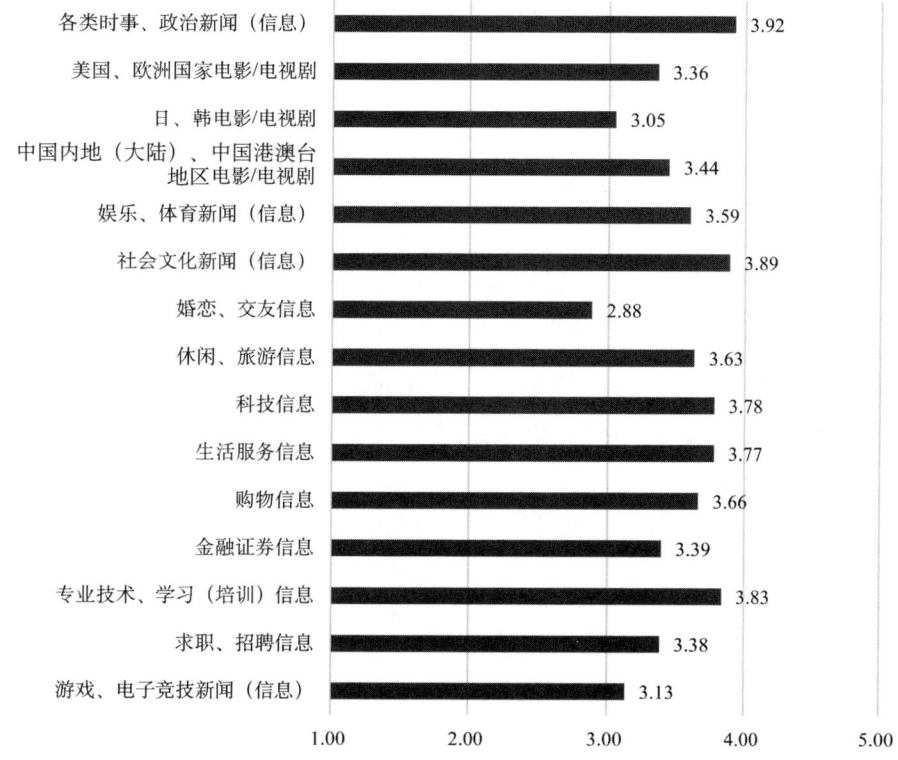

图3-5 北京青年对不同网络信息的关注度

不同调查主体对不同网络信息的关注度差异显著。其中,在各类时事、政治新闻(信息)上,公务员和白领的关注度较高,且显著高于农民工和高校学生,高校教师的关注度显著高于农民工。在美国、欧洲国家电影/电视剧上,农民工的关注度最低,且显著低于高校学生、高校教师和白领,高校学生的关注度最高。在日、韩电影/电视剧上,高校学生的关注度最高,且显著高于农民工、高校教师、公务员和白领。在中国内地(大陆)、中国港澳台地区电影/电视剧上,高校学生的关注度最高,且显著高于农民工和公务员。在娱乐、体育新闻(信息)上,高校学生的关注度最高,公务员的关注度最低。在社会文化新闻(信息)上,高校学生的关注度最低,且显著低于高校教师、公务员和白领,高校教师的关注度最高。在婚恋、交友信息上,高校学生的关注度最高,且显著高于白领。在休闲、旅游信息上,高校教师的关注度最高,且显著高于高校学生和农民工,高校学生的关注度最低,且显著低于白领。在科技信息上,高校学生的关注度最低,且显著低于高校教师、公务员和白领。在生活服务信息上,高校学生的关注度最低,且显著低于高校教师、公务员和白领。在购物信息上,农民工的关注度最低,且显著低于白领。在金融证券信息上,高校教师、公务员和白领的关注度较高,且显著高于高校学生和农民工。在专业技术、学习(培训)信息上,高校学生的关注度最低,且显著低于高校教师、公务员和白领,高校教师的关注度最高。在求职、招聘信息上,农民工的关注度最高,且显著高于高校学生、高校教师、公务员和白领。详见表3-4。

表3-4 不同调查主体对不同网络信息的关注度(单位:%)

	高校学生	农民工	高校教师	公务员	白领
各类时事、政治新闻(信息)	3.75	3.72	3.96	4.05	4.04
美国、欧洲国家电影/电视剧	3.50	3.17	3.43	3.25	3.37
日、韩电影/电视剧	3.40	2.94	3.11	2.86	2.95
中国内地(大陆)、中国港澳台地区电影/电视剧	3.60	3.37	3.47	3.30	3.42
娱乐、体育新闻(信息)	3.66	3.52	3.58	3.46	3.65
社会文化新闻(信息)	3.69	3.80	4.06	3.94	3.93
婚恋、交友信息	3.03	2.95	2.89	2.91	2.75
休闲、旅游信息	3.46	3.52	3.78	3.68	3.68
科技信息	3.47	3.62	3.89	3.82	3.95
生活服务信息	3.57	3.67	3.85	3.88	3.86
购物信息	3.60	3.56	3.70	3.61	3.75
金融证券信息	3.02	3.29	3.54	3.54	3.52
专业技术、学习(培训)信息	3.59	3.76	4.00	3.87	3.92
求职、招聘信息	3.40	3.68	3.22	3.30	3.35
游戏、电子竞技新闻(信息)	3.30	3.05	3.05	3.12	3.11

不同性别北京青年对不同网络信息的关注度差异显著。其中,在各类时事、政治新闻(信息),社会文化新闻(信息),科技信息,金融证券信息,专业技术、学习(培训)信息,游戏、电子竞技新闻(信息)上,男性的关注度显著高于女性。在日、韩电影/电视剧,中国内地(大陆)、中国港澳台地区电影/电视剧、购物信息上,女性的关注度显著高于男性。详见图3-6。

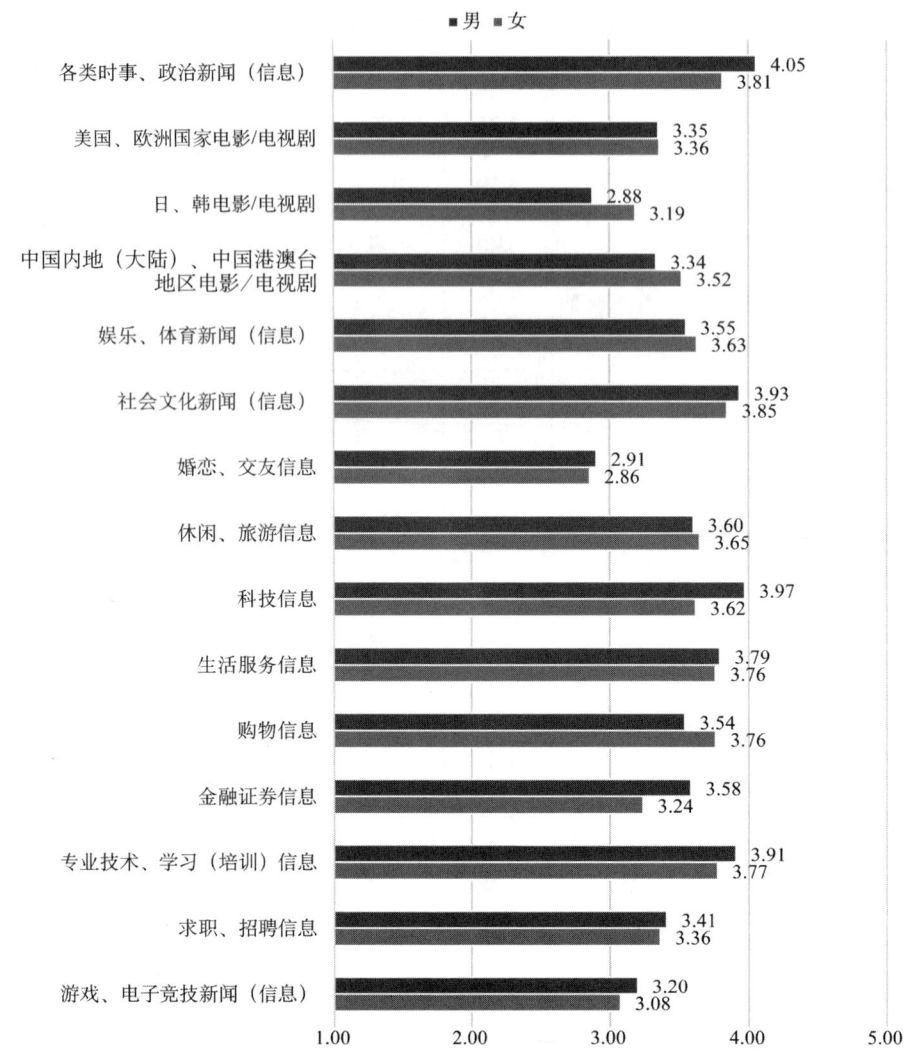

图 3-6 不同性别的北京青年对不同网络信息的关注度

不同年龄的北京青年对不同网络信息的关注度差异显著。其中,在各类时事、政治新闻(信息)上,呈现随年龄的增长关注度逐渐升高的趋势。在美国、欧洲国家电影/电视剧,日、韩电影/电视剧上,35—44岁北京青年的关注度最低,且显著低于其他年龄段的北京青年。在娱乐、体育新闻(信息)

上,30—34 岁北京青年的关注度最高,且显著高于 18—24 岁和 35—44 岁的北京青年。在社会文化新闻(信息)上,18—24 岁北京青年的关注度最低,且显著低于其他年龄段的北京青年。在婚恋、交友信息上,35—44 岁北京青年的关注度最低,且显著低于其他年龄段的北京青年;25—29 岁北京青年的关注度最高,且显著高于 18—24 岁的北京青年。在休闲、旅游信息上,18—24 岁北京青年的关注度最低,且显著低于其他年龄段的北京青年;25—29 岁北京青年的关注度最高。在科技信息、生活服务信息、金融证券信息、专业技术、学习(培训)信息上,18—24 岁北京青年的关注度最低,且显著低于其他年龄段的北京青年。在购物信息上,18—24 岁北京青年的关注度最低,且显著低于 25—29 岁和 30—34 岁的北京青年。在求职、招聘信息上,25—29 岁北京青年的关注度最高,且显著高于其他年龄段的北京青年。在游戏、电子竞技新闻(信息)上,35—44 岁北京青年的关注度最低,且显著低于其他年龄段的北京青年。详见表 3-5。

表 3-5 不同年龄的北京青年对不同网络信息的关注度(单位:%)

	18—24 岁	25—29 岁	30—34 岁	35—44 岁
各类时事、政治新闻(信息)	3.71	3.97	4.06	4.08
美国、欧洲国家电影/电视剧	3.35	3.50	3.47	3.17
日、韩电影/电视剧	3.18	3.13	3.08	2.78
中国内地(大陆)、中国港澳台地区电影/电视剧	3.44	3.48	3.50	3.35
娱乐、体育新闻(信息)	3.53	3.65	3.70	3.56
社会文化新闻(信息)	3.71	3.94	4.07	3.96
婚恋、交友信息	2.86	3.05	2.95	2.72
休闲、旅游信息	3.45	3.81	3.75	3.64
科技信息	3.48	3.88	3.99	3.95

续表

	18—24 岁	25—29 岁	30—34 岁	35—44 岁
生活服务信息	3.56	3.90	3.93	3.87
购物信息	3.57	3.75	3.78	3.64
金融证券信息	3.05	3.53	3.60	3.60
专业技术、学习(培训)信息	3.64	3.95	4.00	3.89
求职、招聘信息	3.37	3.54	3.39	3.27
游戏、电子竞技新闻(信息)	3.12	3.28	3.28	2.93

不同婚姻状况的北京青年对多种网络信息的关注度差异显著。其中，在美国、欧洲国家电影/电视剧，日、韩电影/电视剧，婚恋、交友信息上，未婚北京青年的关注度显著高于已婚北京青年。在各类时事、政治新闻(信息)，社会文化新闻(信息)，休闲、旅游信息，科技信息，生活服务信息，金融证券信息，专业技术、学习(培训)信息上，已婚北京青年的关注度显著高于未婚北京青年。详见图3-7。

不同受教育程度的北京青年对不同网络信息的关注度差异显著。其中，在各类时事、政治新闻(信息)上，本科和研究生及以上学历北京青年的关注度较高，且显著高于初中及以下、高中/中专/中职和高职/大专学历的北京青年，高职/大专学历北京青年的关注度最低。在美国、欧洲国家电影/电视剧上，本科学历北京青年的关注度最高，且显著高于初中及以下和高中/中专/中职学历的北京青年。在娱乐、体育新闻(信息)上，本科学历北京青年的关注度最高，且显著高于高中/中专/中职、高职/大专和研究生及以上学历的北京青年，高中/中专/中职学历北京青年的关注度最低。在社会文化新闻(信息)，高职/大专学历北京青年的关注度最低，且显著低于其他年龄段的北京青年，研究生及以上学历北京青年的关注度最高。在婚恋、交友信息上，高职/大专学历北京青年的关注度最低。在休闲、旅游信息上，高

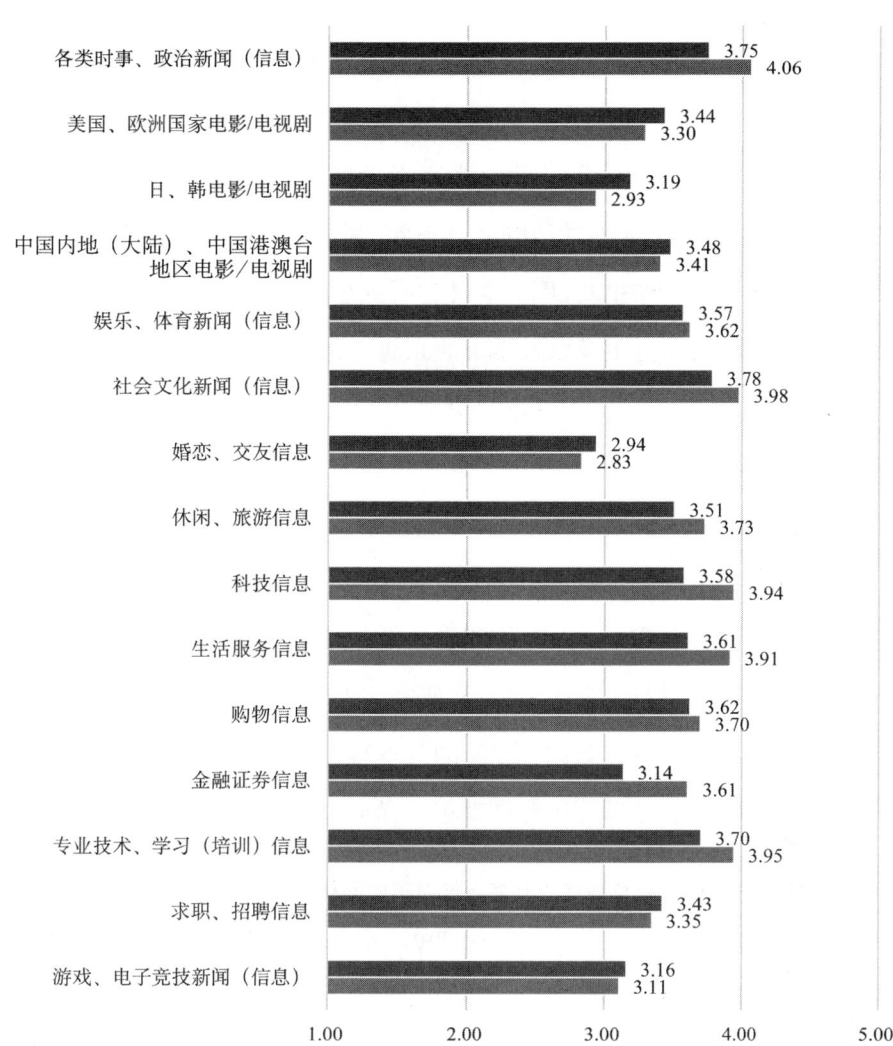

图 3-7 不同婚姻状况的北京青年对不同网络信息的关注度

职/大专学历北京青年的关注度最低,且显著低于初中及以下、本科和研究生及以上学历的北京青年,高中/中专/中职学历北京青年的关注度较低。在科技信息上,高职/大专学历北京青年的关注度最低,且显著低于其他学历的北京青年，高中/中专/中职学历北京青年的关注度较低。在生活服务信息上，高职/大专学历北京青年的关注度最低，且显著低于其他学历的北京青年，本科学历北京青年的关注度最高，且显著高于初中及以下、高中/中专/中职和高职/大专学历的北京青年，研究生及以上学历北京青年的关注度较高。在购物信息上，本科学历北京青年的关注度最高，且显著高于高中/中专/中职、高职/大专学历的北京青年，高职/大专学历北京青年的关注度最低，且显著低于初中及以下、本科和研究生及以上学历的北京青年。在金融证券信息上，研究生及以上学历北京青年的关注度最高，且显著高于其他学历的北京青年，高职/大专学历北京青年的关注度最低，且显著低于其他学历的北京青年，本科学历北京青年的关注度较高。在专业技术、学习（培训）信息上，高职/大专学历北京青年的关注度最低，且显著低于其他学历的北京青年，研究生及以上学历北京青年的关注度最高。在求职、招聘信息上，初中及以下和高中/中专/中职学历北京青年的关注度较高，且显著高于其他学历的北京青年，高职/大专和研究生及以上学历北京青年的关注度较低。在游戏、电子竞技新闻（信息）上，本科学历北京青年的关注度最高，且显著高于高职/大专学历的北京青年。详见表3-6。

表3-6 不同受教育程度的北京青年对不同网络信息的关注度（单位：%）

	初中及以下	高中/中专/中职	高职/大专	本科	研究生及以上
各类时事、政治新闻（信息）	3.78	3.67	3.51	4.05	4.03
美国、欧洲国家电影/电视剧	3.18	3.16	3.26	3.44	3.34
日、韩电影/电视剧	2.98	2.90	3.10	3.08	3.01
中国内地（大陆）、中国港澳台地区电影/电视剧	3.37	3.37	3.42	3.48	3.39

续表

	初中及以下	高中/中专/中职	高职/大专	本科	研究生及以上
娱乐、体育新闻(信息)	3.66	3.41	3.46	3.68	3.52
社会文化新闻(信息)	3.81	3.79	3.46	3.97	4.04
婚恋、交友信息	2.92	2.98	2.67	2.95	2.80
休闲、旅游信息	3.64	3.42	3.24	3.73	3.70
科技信息	3.72	3.55	3.16	3.92	3.94
生活服务信息	3.70	3.65	3.29	3.89	3.88
购物信息	3.63	3.50	3.41	3.77	3.64
金融证券信息	3.39	3.22	2.64	3.52	3.65
专业技术、学习(培训)信息	3.80	3.72	3.35	3.92	3.98
求职、招聘信息	3.65	3.70	3.15	3.43	3.19
游戏、电子竞技新闻(信息)	3.05	3.05	2.97	3.22	3.08

不同户籍所在地的北京青年对不同网络信息的关注度差异显著。其中,在美国、欧洲国家电影/电视剧上,其他地区户籍北京青年的关注度最低,且显著低于北京和天津户籍的北京青年。在日、韩电影/电视剧,中国内地(大陆)、中国港澳台地区电影/电视剧,娱乐、体育新闻(信息)上,其他地区户籍北京青年的关注度最低,且显著低于北京、天津和河北户籍的北京青年,天津户籍的北京青年的关注度最高,且显著高于北京户籍的北京青年。在婚恋、交友信息上,其他地区户籍北京青年的关注度最低,且显著低于北京和天津户籍的北京青年。在休闲、旅游信息,金融证券信息上,天津和河北户籍北京青年的关注度较高,且显著高于北京和其他地区户籍的北京青年。在生活服务信息上,河北户籍北京青年的关注度最高,且显著高于北京和其他地区户籍的北京青年。在求职、招聘信息上,北京户籍的北京青年的关注度最低,且显著低于天津、河北和其他地区户籍的北京青年,天津和河

北户籍北京青年的关注度较高。在游戏、电子竞技新闻(信息)上,天津户籍北京青年的关注度最高,且显著高于北京、河北和其他地区户籍的北京青年,其他地区户籍北京青年的关注度最低。详见表3-7。

表3-7 不同户籍所在地的北京青年对不同网络信息的关注度(单位:%)

	北京	天津	河北	其他地区
各类时事、政治新闻(信息)	3.92	3.96	4.09	3.89
美国、欧洲国家电影/电视剧	3.42	3.66	3.38	3.19
日、韩电影/电视剧	3.11	3.48	3.22	2.82
中国内地(大陆)、中国港澳台地区电影/电视剧	3.47	3.69	3.55	3.31
娱乐、体育新闻(信息)	3.62	3.88	3.68	3.47
社会文化新闻(信息)	3.86	4.09	4.00	3.89
婚恋、交友信息	2.90	3.18	3.04	2.76
休闲、旅游信息	3.62	3.86	3.88	3.56
科技信息	3.76	3.81	3.92	3.78
生活服务信息	3.75	3.92	4.02	3.74
购物信息	3.65	3.82	3.81	3.62
金融证券信息	3.37	3.60	3.70	3.34
专业技术、学习(培训)信息	3.79	4.05	4.02	3.83
求职、招聘信息	3.29	3.69	3.74	3.45
游戏、电子竞技新闻(信息)	3.16	3.52	3.19	2.99

在北京居住时间不同的北京青年对多种网络信息的关注度差异显著。其中,在中国内地(大陆)、中国港澳台地区电影/电视剧上,在北京居住1—3年(不含3年)的北京青年的关注度最高,且显著高于在北京居住0.5—1年(不含1年)和3—5年(不含5年)的北京青年;在北京居住10年及以上的北京青年的关注度较高。在娱乐、体育新闻(信息)上,在北京居住3—5年

(不含5年)的北京青年的关注度较低,且显著低于在北京居住1—3年(不含3年)和10年及以上的北京青年。在社会文化新闻(信息)上,在北京居住5—10年(不含10年)的北京青年的关注度最高。在婚恋、交友信息上,在北京居住1—3年(不含3年)的北京青年的关注度最高,且显著高于其他不同居住时间的北京青年。在科技信息上,在北京居住5—10年(不含10年)的北京青年的关注度最高,且显著高于在北京居住0.5—1年(不含1年)的北京青年。在购物信息上,在北京居住3—5年(不含5年)的北京青年的关注度最低,且显著低于在北京居住1—3年(不含3年)、5—10年(不含10年)和10年及以上的北京青年。在金融证券信息上,在北京居住0.5—1年(不含1年)的北京青年的关注度最低,且显著低于在北京居住1—3年(不含3年)、5—10年(不含10年)和10年及以上的北京青年。在求职、招聘信息上,在北京居住1—3年(不含3年)的北京青年的关注度最高,且显著高于在北京居住3—5年(不含5年)、5—10年(不含10年)和10年及以上的北京青年。详见表3-8。

表3-8 在北京居住时间不同的北京青年对不同网络信息的关注度(单位:%)

	0.5—1年(不含1年)	1—3年(不含3年)	3—5年(不含5年)	5—10年(不含10年)	10年及以上
各类时事、政治新闻(信息)	3.63	3.99	3.97	4.01	3.89
美国、欧洲国家电影/电视剧	3.17	3.48	3.22	3.31	3.39
日、韩电影/电视剧	2.91	3.10	2.86	2.94	3.11
中国内地(大陆)、中国港澳台地区电影/电视剧	3.22	3.58	3.24	3.40	3.48
娱乐、体育新闻(信息)	3.43	3.73	3.44	3.55	3.63
社会文化新闻(信息)	3.78	4.01	3.91	4.02	3.84
婚恋、交友信息	2.65	3.17	2.78	2.82	2.89

续表

	0.5—1年 (不含 1年)	1—3年 (不含 3年)	3—5年 (不含 5年)	5—10年 (不含 10年)	10年 及以上
休闲、旅游信息	3.57	3.68	3.52	3.63	3.64
科技信息	3.39	3.84	3.74	3.91	3.76
生活服务信息	3.59	3.85	3.76	3.87	3.75
购物信息	3.52	3.72	3.46	3.69	3.69
金融证券信息	2.91	3.47	3.36	3.52	3.38
专业技术、学习(培训)信息	3.87	3.92	3.88	3.95	3.78
求职、招聘信息	3.59	3.73	3.40	3.40	3.32
游戏、电子竞技新闻(信息)	3.02	3.23	3.12	2.98	3.16

第二节 北京青年的闲暇活动

一、周末主要做的事

总体上,被调查的北京青年周末主要做的事依次是读书/学习(11.2%)、睡懒觉(9.4%)、社交(9.4%)、网上休闲(9.3%)、锻炼身体(9.3%)、逛街/购物(9.1%)、带小孩/教育子女(8.3%)、照顾父母(8.3%)、做家务(6.8%)、郊游(4.3%)、看电视(4.2%)、兼职(3.9%)、加班(3.1%)、志愿服务(2.1%)、打牌打麻将等(1.3%)。详见表3-9。

表 3-9　北京青年周末主要做的事(单位:%)

	人数	百分比(%)	排序
加班	183	3.1	13
网上休闲	560	9.3	4
逛街/购物	546	9.1	6
打牌打麻将等	79	1.3	15
锻炼身体	556	9.3	5
睡懒觉	565	9.4	2
社交	563	9.4	3
带小孩/教育子女	500	8.3	7
读书/学习	673	11.2	1
做家务	410	6.8	9
照顾父母	497	8.3	8
看电视	251	4.2	11
郊游	259	4.3	10
志愿服务	124	2.1	14
兼职	234	3.9	12

不同调查主体周末主要做的事不尽相同。其中,高校学生主要是睡懒觉、社交、读书/学习,农民工主要是网上休闲、读书/学习、睡懒觉,高校教师主要是读书/学习、锻炼身体、照顾父母,公务员主要是锻炼身体、网上休闲、社交,白领主要是读书/学习、带小孩/教育子女、逛街/购物。详见表 3-10。

表 3-10 不同调查主体周末主要做的事(单位:%)

	高校学生	农民工	高校教师	公务员	白领
加班	1.5	5.2	2.2	3.1	3.3
网上休闲	9.5	10.3	7.4	10.1	9.3
逛街/购物	7.3	8.1	8.2	9.2	10.9
打牌打麻将等	1.3	2.1	1.4	1.4	0.9
锻炼身体	5.4	7.7	12.1	11.6	10.0
睡懒觉	13.8	9.0	8.3	9.1	7.7
社交	12.3	7.9	9.1	10.1	8.1
带小孩/教育子女	2.0	8.7	9.3	9.1	11.0
读书/学习	12.3	9.9	12.3	10.0	11.2
做家务	4.6	8.8	6.1	5.7	8.1
照顾父母	9.7	7.2	9.6	8.0	7.5
看电视	4.3	4.3	3.3	4.4	4.3
郊游	3.7	4.2	4.8	4.3	4.5
志愿服务	4.5	0.3	3.1	2.2	0.9
兼职	7.9	6.2	2.6	1.6	2.2

不同性别的北京青年周末主要做的事不尽相同。其中,男性主要是锻炼身体、读书/学习、带小孩/教育子女,女性主要是读书/学习、睡懒觉、逛街/购物。详见图 3-8。

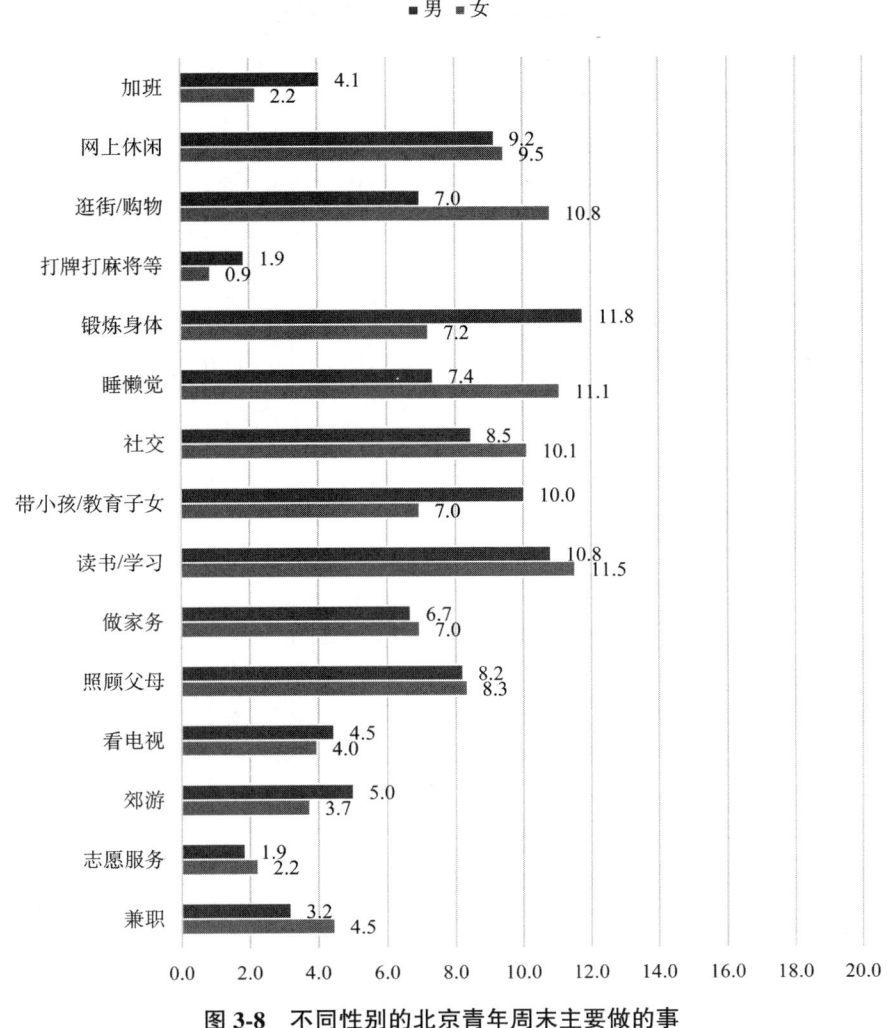

图 3-8 不同性别的北京青年周末主要做的事

不同年龄的北京青年周末主要做的事不尽相同。其中,18—24 岁北京青年主要是睡懒觉、读书/学习、社交,25—29 岁北京青年主要是读书/学习、锻炼身体、网上休闲,30—34 岁北京青年主要是带小孩/教育子女、锻炼身体、读书/学习,35—44 岁北京青年主要是带小孩/教育子女、锻炼身体、做家务。详见表 3-11。

表 3-11 不同年龄的北京青年周末最主要做的事(单位:%)

	18—24 岁	25—29 岁	30—34 岁	35—44 岁
加班	1.6	4.0	3.4	3.9
网上休闲	10.8	10.0	8.2	7.6
逛街/购物	9.6	8.8	9.7	8.3
打牌打麻将等	1.2	1.7	1.1	1.3
锻炼身体	7.0	10.0	11.0	10.5
睡懒觉	13.6	8.9	7.2	5.7
社交	12.2	9.7	8.6	5.9
带小孩/教育子女	1.6	6.8	13.8	14.8
读书/学习	13.3	11.7	9.8	9.0
做家务	4.8	6.4	6.5	10.2
照顾父母	8.3	7.3	7.7	9.5
看电视	3.8	5.2	3.4	4.5
郊游	3.3	4.0	5.0	5.4
志愿服务	3.0	2.1	1.6	1.1
兼职	5.9	3.3	2.9	2.3

不同婚姻状况的北京青年周末主要做的事不尽相同。其中,未婚北京青年主要是读书/学习、睡懒觉、社交,已婚北京青年主要是读带小孩/教育子女、锻炼身体、读书/学习。详见图 3-9。

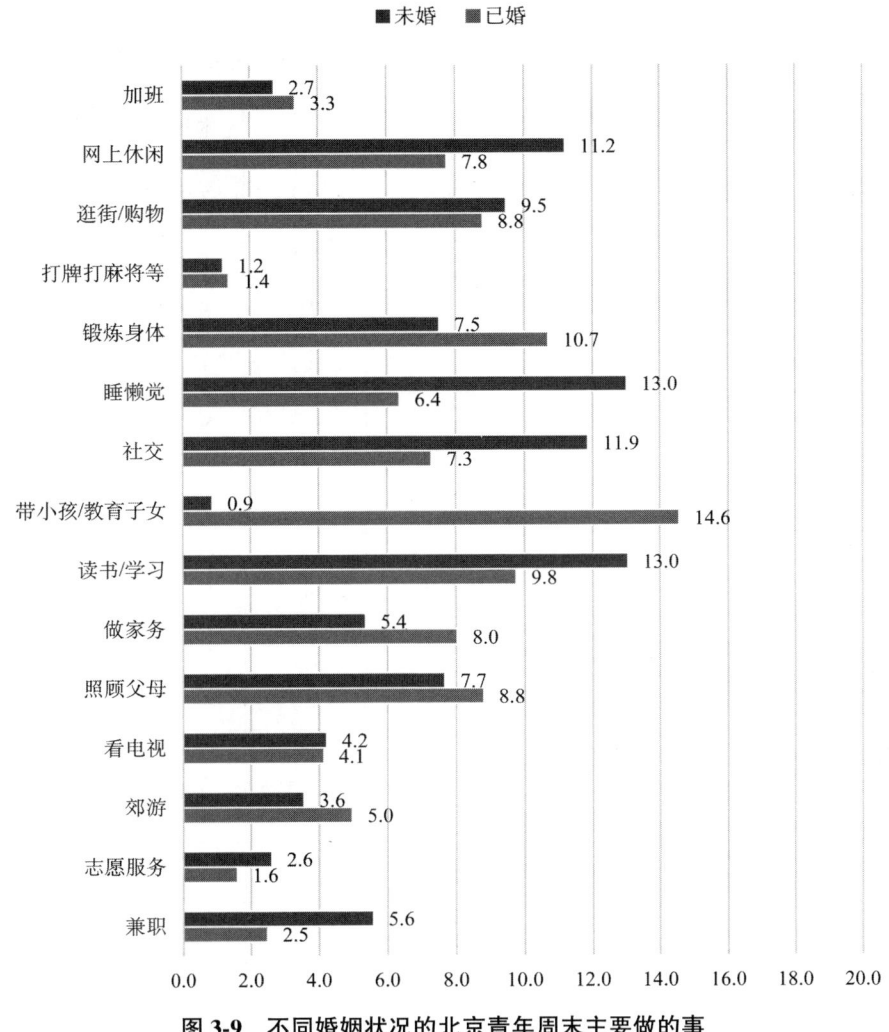

图 3-9 不同婚姻状况的北京青年周末主要做的事

不同受教育程度的北京青年周末主要做的事不尽相同。其中,初中及以下学历的北京青年主要是读书/学习、网上休闲、逛街/购物,高中/中专/中职学历的北京青年主要是带小孩/教育子女、网上休闲、睡懒觉,高职/大专学历的北京青年主要是睡懒觉、社交、读书/学习,本科学历的北京青年主要是读书/学习、逛街/购物、网上休闲,研究生及以上学历的北京青年主要是读书/学习、锻炼身体、带小孩/教育子女。详见表3-12。

表3-12 不同受教育程度的北京青年周末最主要做的事(单位:%)

	初中及以下	高中/中专/中职	高职/大专	本科	研究生及以上
加班	4.9	5.5	0.4	3.2	2.8
网上休闲	10.9	9.9	8.8	9.8	7.7
逛街/购物	9.6	6.9	7.5	9.9	8.8
打牌打麻将等	1.5	2.6	0.7	1.3	1.3
锻炼身体	7.9	7.5	4.3	9.7	12.9
睡懒觉	7.9	9.9	15.9	8.4	7.8
社交	8.6	7.3	14.6	9.0	7.8
带小孩/教育子女	5.9	10.9	0.7	9.7	9.8
读书/学习	11.4	8.7	13.0	10.4	13.3
做家务	9.4	8.3	4.3	7.3	5.8
照顾父母	8.6	6.1	10.9	7.7	8.8
看电视	3.5	5.1	3.9	4.4	3.8
郊游	3.2	5.1	3.3	4.5	4.5
志愿服务	0.2	0.4	3.9	1.7	3.2
兼职	6.4	6.1	7.7	3.0	1.8

不同户籍所在地的北京青年周末主要做的事不尽相同。其中,北京户籍的北京青年主要是读书/学习、睡懒觉、锻炼身体,天津户籍的北京青年主要是读书/学习、社交、逛街/购物,河北户籍的北京青年主要是带小孩/教育子女、做家务、网上休闲,其他地区户籍的北京青年主要是读书/学习、网上休闲、睡懒觉。详见表3-13。

表 3-13 不同户籍所在地的北京青年周末主要做的事(单位:%)

	北京	天津	河北	其他地区
加班	2.6	2.9	5.1	3.5
网上休闲	8.9	7.5	9.5	10.4
逛街/购物	9.1	9.3	8.7	9.2
打牌打麻将等	1.3	1.1	1.3	1.3
锻炼身体	9.7	8.6	7.9	8.8
睡懒觉	9.8	7.5	7.2	9.4
社交	9.7	10.0	6.2	9.4
带小孩/教育子女	7.7	7.5	12.1	8.9
读书/学习	11.3	12.2	8.2	11.5
做家务	5.9	6.5	11.3	7.8
照顾父母	9.1	6.8	7.9	6.9
看电视	4.4	4.7	2.6	4.0
郊游	4.4	4.3	4.1	4.3
志愿服务	2.7	3.2	2.3	0.6
兼职	3.4	7.9	5.6	3.9

在北京居住时间不同的北京青年周末主要做的事不尽相同。其中,在北京居住 0.5—1 年(不含 1 年)的北京青年主要是读书/学习、睡懒觉、网上休闲,在北京居住 1—3 年(不含 3 年)的北京青年主要是读书/学习、网上休闲、锻炼身体,在北京居住 3—5 年(不含 5 年)的北京青年主要是读书/学习、锻炼身体、网上休闲,在北京居住 5—10 年(不含 10 年)的北京青年主要是带小孩/教育子女、读书/学习、锻炼身体,在北京居住 10 年及以上的北京青年主要是读书/学习、社交、睡懒觉。详见表 3-14。

表 3-14　在北京居住时间不同的北京青年周末最主要做的事（单位：%）

	0.5—1 年 （不含 1 年）	1—3 年 （不含 3 年）	3—5 年 （不含 5 年）	5—10 年 （不含 10 年）	10 年 及以上
加班	5.1	3.4	3.0	4.2	2.7
网上休闲	9.4	9.8	9.8	8.5	9.4
逛街/购物	9.4	7.3	8.2	8.8	9.6
打牌打麻将等	1.4	1.4	0.7	1.0	1.5
锻炼身体	7.2	9.8	11.0	9.2	8.9
睡懒觉	10.1	8.4	9.8	8.5	9.7
社交	7.2	9.6	9.0	8.5	9.7
带小孩/教育子女	5.8	5.9	6.5	10.6	8.5
读书/学习	15.2	13.9	14.0	9.9	10.5
做家务	8.7	6.6	6.9	8.9	6.3
照顾父母	6.5	8.9	6.1	8.0	8.8
看电视	5.8	2.3	3.7	4.2	4.4
郊游	2.2	3.7	3.8	5.3	4.3
志愿服务	2.2	3.0	1.8	1.4	2.2
兼职	3.6	5.9	5.7	3.0	3.5

二、网络使用情况

（一）日平均上网时间

总体上，在被调查的北京青年中有 31.4% 的人日平均上网时间为 3—5 小时，有 28.2% 的人日平均上网时间为 2—3 小时，另有 17.2% 和 14.0% 的人日平均上网时间为5—8小时和1—2小时,还有7.9%和1.6%的人日平均上网时间为8小时以上和1小时以下。不同调查主体差异显著,$p<0.01$。其中,农民工的日平均上网时间相对较短,白领和高校学生的日平均上网时间相对较长。详见表3-15。

表3-15　不同调查主体的日平均上网时间

调查主体	人数	选项百分比(%)					
		1小时以下	1—2小时	2—3小时	3—5小时	5—8小时	8小时以上
高校学生	400	0.8	12.5	26.5	31.3	20.5	8.5
农民工	300	3.3	19.0	32.0	28.0	12.7	5.0
高校教师	300	1.0	15.3	30.7	34.0	15.0	4.0
公务员	300	2.0	13.7	27.7	29.3	17.7	9.7
白领	700	1.3	12.1	26.6	32.6	17.9	9.6
总体	2,000	1.6	14.0	28.2	31.4	17.2	7.9

不同性别北京青年的日平均上网时间差异显著,$p<0.001$。其中,男性的日平均上网时间相对较短,女性的日平均上网时间相对较长。详见表3-16。

表3-16　不同性别北京青年的日平均上网时间

性别	人数	选项百分比(%)					
		1小时以下	1—2小时	2—3小时	3—5小时	5—8小时	8小时以上
男	897	2.1	16.6	28.1	32.0	14.8	6.4
女	1,103	1.1	11.8	28.2	30.8	19.0	9.1
总体	2,000	1.6	14.0	28.2	31.4	17.2	7.9

不同年龄北京青年的日平均上网时间差异显著,$p<0.05$,且基本呈现随着年龄的增长,日平均上网时间逐渐变短的趋势。详见表3-17。

表3-17 不同年龄北京青年的日平均上网时间

年龄	人数	选项百分比(%)					
		1小时以下	1—2小时	2—3小时	3—5小时	5—8小时	8小时以上
18—24岁	708	1.1	10.5	28.2	31.6	18.5	10.0
25—29岁	412	1.9	18.2	26.7	29.1	15.5	8.5
30—34岁	352	1.1	14.2	27.6	34.7	17.3	5.1
35—44岁	528	2.1	15.2	29.5	30.5	16.5	6.3
总体	2,000	1.6	14.0	28.2	31.4	17.2	7.9

不同婚姻状况的北京青年的日平均上网时间差异显著,$p<0.01$。其中,未婚北京青年的日平均上网时间相对较长,已婚北京青年的日平均上网时间相对较短。详见表3-18。

表3-18 不同婚姻状况的北京青年的日平均上网时间

婚姻状况	人数	选项百分比(%)					
		1小时以下	1—2小时	2—3小时	3—5小时	5—8小时	8小时以上
未婚	907	1.0	13.1	27.5	30.0	18.6	9.8
已婚	1,087	1.9	14.7	28.8	32.5	15.9	6.2
总体	2,000	1.6	14.0	28.2	31.4	17.2	7.9

不同受教育程度的北京青年的日平均上网时间差异显著,$p<0.001$。其中,高职/大专学历北京青年的日平均上网时间相对较长,高中/中专/中职和初中及以下学历北京青年的日平均上网时间相对较短。详见表3-19。

表 3-19 不同受教育程度的北京青年的日平均上网时间

受教育程度	人数	选项百分比(%)					
		1 小时以下	1—2 小时	2—3 小时	3—5 小时	5—8 小时	8 小时以上
初中及以下	135	5.2	13.3	31.9	34.1	9.6	5.9
高中/中专/中职	165	1.8	23.6	32.1	23.0	15.2	4.2
高职/大专	272	1.1	7.7	21.7	35.3	23.9	10.3
本科	1037	1.1	12.6	30.1	31.3	16.5	8.4
研究生及以上	391	1.8	17.9	24.6	31.2	17.6	6.9
总体	2,000	1.6	14.0	28.2	31.4	17.2	7.9

不同户籍所在地的北京青年的日平均上网时间没有显著差异,$p>0.05$。详见表 3-20。

表 3-20 不同户籍所在地的北京青年的日平均上网时间

户籍所在地	人数	选项百分比(%)					
		1 小时以下	1—2 小时	2—3 小时	3—5 小时	5—8 小时	8 小时以上
北京	1,190	1.3	13.7	26.6	32.3	17.6	8.6
天津	93	2.2	12.9	31.2	35.5	12.9	5.4
河北	130	0.0	20.8	36.9	26.2	12.3	3.8
其他地区	587	2.4	13.1	28.8	30.0	18.1	7.7
总体	2,000	1.6	14.0	28.2	31.4	17.2	7.9

在北京居住时间不同的北京青年的日平均上网时间差异显著,$p<0.001$,且基本呈现随着在北京居住时间的增长,日平均上网时间逐渐增加的趋势。详见 3-21。

表 3-21　在北京居住时间不同的北京青年的日平均上网时间

在北京居住的时间	人数	选项百分比(%)					
		1小时以下	1—2小时	2—3小时	3—5小时	5—8小时	8小时以上
0.5—1年(不含1年)	46	0.0	21.7	39.1	26.1	10.9	2.2
1—3年(不含3年)	146	1.4	12.3	44.5	21.9	13.7	6.2
3—5年(不含5年)	245	2.9	13.9	31.0	31.8	11.4	9.0
5—10年(不含10年)	310	0.3	12.6	25.8	34.5	18.1	8.7
10年及以上	1253	1.7	14.2	25.9	31.8	18.7	7.8
总体	2,000	1.6	14.0	28.2	31.4	17.2	7.9

(二)日平均线上工作学习时间

总体上,在被调查的北京青年中,39.9%的人日平均线上工作学习时间为1—2小时,22.1%、21.4%和11.7%的人日平均线上工作学习时间分别为2—3小时、1小时以下和3—5小时,另外还有3.9%和1.2%的人日平均线上工作学习时间为5—8小时和8小时以上。不同调查主体差异显著,$p<0.01$。其中,白领和高校教师的日平均线上工作学习时间相对较长,农民工的日平均线上工作学习时间相对较短。详见表3-22。

表 3-22 不同调查主体的日平均线上工作学习时间

调查主体	人数	选项百分比(%)					
		1小时以下	1—2小时	2—3小时	3—5小时	5—8小时	8小时以上
高校学生	400	16.0	47.8	24.5	9.0	1.8	1.0
公务员	300	29.0	38.0	20.3	9.0	2.7	1.0
白领	300	20.0	37.3	23.0	14.7	4.0	1.0
高校教师	300	23.3	39.7	19.7	12.0	4.0	1.3
农民工	700	20.9	37.3	22.1	12.9	5.6	1.3
总体	2,000	21.4	39.9	22.1	11.7	3.9	1.2

不同性别的北京青年的日平均线上工作学习时间没有显著差异,$p>0.05$。详见表3-23。

表 3-23 不同性别的北京青年的日平均线上工作学习时间

性别	人数	选项百分比(%)					
		1小时以下	1—2小时	2—3小时	3—5小时	5—8小时	8小时以上
男	897	23.7	37.9	22.6	11.6	3.5	0.7
女	1103	19.4	41.4	21.7	11.7	4.3	1.5
总体	2,000	21.4	39.9	22.1	11.7	3.9	1.2

不同年龄的北京青年的日平均线上工作学习时间没有显著差异,$p>0.05$。详见表3-24。

表 3-24　不同年龄的北京青年的日平均线上工作学习时间

年龄	人数	选项百分比(%)					
		1小时以下	1—2小时	2—3小时	3—5小时	5—8小时	8小时以上
18—24岁	708	19.2	41.5	24.9	9.5	3.5	1.4
25—29岁	412	19.4	43.4	18.7	12.9	4.4	1.2
30—34岁	352	22.2	38.9	20.7	12.5	4.8	0.9
35—44岁	528	25.2	35.4	22.0	13.1	3.4	0.9
总体	2,000	21.4	39.9	22.1	11.7	3.9	1.2

不同婚姻状况的北京青年的日平均线上工作学习时间没有显著差异,$p>0.05$。详见表 3-25。

表 3-25　不同婚姻状况的北京青年的日平均线上工作学习时间

婚姻状况	人数	选项百分比(%)					
		1小时以下	1—2小时	2—3小时	3—5小时	5—8小时	8小时以上
未婚	907	19.5	42.7	22.6	10.5	3.4	1.3
已婚	1,087	22.8	37.5	21.7	12.7	4.2	1.0
总体	2,000	21.4	39.9	22.1	11.7	3.9	1.2

不同受教育程度的北京青年的日平均线上工作学习时间没有显著差异,$p>0.05$。详见表 3-26。

表 3-26　不同受教育程度的北京青年的日平均线上工作学习时间

婚姻状况	人数	选项百分比(%)					
		1小时以下	1—2小时	2—3小时	3—5小时	5—8小时	8小时以上
初中及以下	135	25.9	40.0	22.2	7.4	3.0	1.5
高中/中专/中职	165	31.5	36.4	18.8	10.3	2.4	0.6
高职/大专	272	19.1	39.7	26.8	11.0	2.2	1.1
本科	1,037	19.6	41.9	21.6	11.7	4.0	1.3
研究生及以上	391	21.7	35.8	21.5	14.1	5.9	1.0
总体	2,000	21.4	39.9	22.1	11.7	3.9	1.2

不同户籍所在地的北京青年的日平均线上工作学习时间差异显著,$p<0.05$。其中,北京户籍北京青年的日平均线上工作学习时间相对较长,河北户籍北京青年的日平均线上工作学习时间相对较短。详见表 3-27。

表 3-27　不同户籍所在地的北京青年的日平均线上工作学习时间

户籍所在地	人数	选项百分比(%)					
		1小时以下	1—2小时	2—3小时	3—5小时	5—8小时	8小时以上
北京	1,190	19.1	40.7	23.3	12.1	3.9	1.0
天津	93	22.6	44.1	19.4	8.6	5.4	0.0
河北	130	24.6	49.2	17.7	5.4	1.5	1.5
其他地区	587	25.0	35.4	21.1	12.6	4.3	1.5
总体	2,000	21.4	39.9	22.1	11.7	3.9	1.2

在北京居住时间不同的北京青年的日平均线上工作学习时间差异显著，$p<0.05$。其中，在北京居住5—10年（不含10年）和10年及以上的北京青年的日平均线上工作学习时间相对较长，在北京居住0.5—1年（不含1年）的北京青年的日平均线上工作学习时间相对较短。详见表3-28。

表3-28 在北京居住时间不同的北京青年的日平均线上工作学习时间

在北京居住的时间	人数	选项百分比（%）					
		1小时以下	1—2小时	2—3小时	3—5小时	5—8小时	8小时以上
0.5—1年（不含1年）	46	30.4	41.3	13.0	13.0	2.2	0.0
1—3年（不含3年）	146	17.1	52.7	21.2	6.2	1.4	1.4
3—5年（不含5年）	245	21.6	38.4	26.1	9.4	3.3	1.2
5—10年（不含10年）	310	23.9	38.1	16.8	14.8	4.5	1.9
10年及以上	1,253	20.8	39.0	23.1	11.9	4.2	1.0
总体	2,000	21.4	39.9	22.1	11.7	3.9	1.2

(三) 对社交网络使用的认同度

总体上，被调查的北京青年对"我使用社交网站是为了与朋友和家人沟通、交流"的认同度最高（3.98分），对"社交网站是一种令人愉快的休闲方式"（3.90分）和"使用社交网站能够消磨无聊的时间"（3.90分）的认同度相对较高，对"使用社交网站让我把学校、工作或其他事情抛诸脑后"（3.20分）

和"我使用社交网站是为了能够发布自己的信息"（3.45分）的认同度相对较低。详见图3-10。

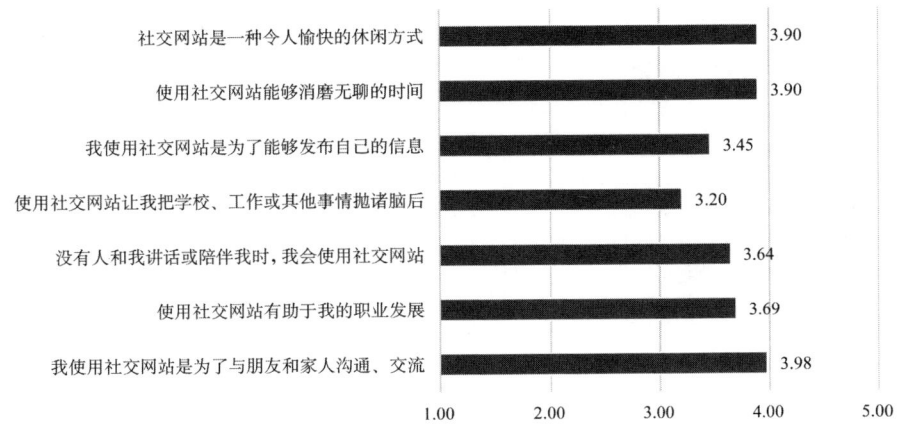

图3-10　北京青年对社交网络使用的认同度

不同调查主体在"使用社交网站能够消磨无聊的时间""我使用社交网站是为了能够发布自己的信息""没有人能够和我讲话或陪伴我时,我会使用社交网站""使用社交网站有助于我的职业发展"和"我使用社交网站是为了与朋友和家人沟通、交流"上认同度的差异均显著。

其中,在"使用社交网站能够消磨无聊的时间"上,农民工的认同度最低,且显著低于白领和高校教师。在"我使用社交网站是为了能够发布自己的信息"上,高校学生的认同度最低,且显著低于公务员。在"没有人和我讲话或陪伴我时,我会使用社交网站"上,高校教师的认同度最高,且显著高于高校学生和农民工。在"使用社交网站有助于我的职业发展"上,高校教师的认同度最高,且显著高于高校学生和农民工;白领的认同度较高,且显著高于高校学生。在"我使用社交网站是为了与朋友和家人沟通、交流"上,高校学生的认同度最低,且显著低于高校教师、白领和公务员。详见表3-29。

表 3-29 不同调查主体对社交网络使用的认同度(单位:%)

	高校学生	农民工	高校教师	公务员	白领
社交网站是一种令人愉快的休闲方式	3.83	3.82	3.95	3.88	3.95
使用社交网站能够消磨无聊的时间	3.86	3.72	3.97	3.85	3.98
我使用社交网站是为了能够发布自己的信息	3.32	3.37	3.57	3.58	3.47
使用社交网站让我把学校、工作或其他事情抛诸脑后	3.09	3.16	3.21	3.20	3.29
没有人和我讲话或陪伴我时,我会使用社交网站	3.49	3.53	3.80	3.69	3.69
使用社交网站有助于我的职业发展	3.52	3.58	3.81	3.75	3.76
我使用社交网站是为了与朋友和家人沟通、交流	3.76	3.91	4.10	4.03	4.05

不同性别的北京青年在"社交网站是一种令人愉快的休闲方式""使用社交网站能够消磨无聊的时间""没有人和我讲话或陪伴我时,我会使用社交网站"上认同度的差异均显著。

其中,在"社交网站是一种令人愉快的休闲方式""使用社交网站能够消磨无聊的时间"和"没有人和我讲话或陪伴我时,我会使用社交网站"上,女性的认同度均较高,且显著高于男性。详见图 3-11。

不同年龄的北京青年在"社交网站是一种令人愉快的休闲方式""使用社交网站能够消磨无聊的时间""我使用社交网站是为了能够发布自己的信息""使用社交网站让我把学校、工作或其他事情抛诸脑后""使用社交网站有助于我的职业发展""我使用社交网站是为了与朋友和家人沟通、交流"上认同度的差异均显著。

其中,在"社交网站是一种令人愉快的休闲方式"上,25—29 岁北京青年

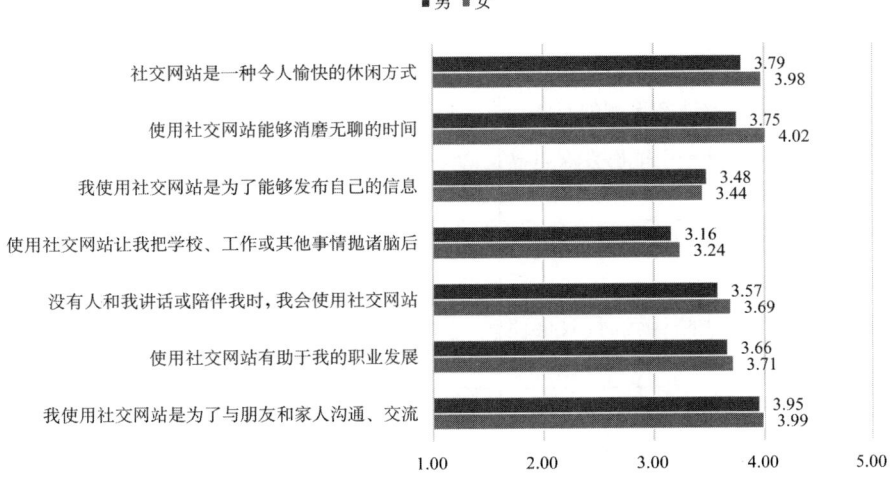

图 3-11　不同性别的北京青年对社交网络使用的认同度

的认同度最低,且显著低于其他年龄段的北京青年。在"使用社交网站能够消磨无聊的时间"上,18—24 岁北京青年的认同度最高,且显著高于 25—29 岁和 35—44 岁的北京青年。在"我使用社交网站是为了能够发布自己的信息"上,30—34 岁北京青年的认同度最高,且显著高于 25—29 岁的北京青年。在"使用社交网站让我把学校、工作或其他事情抛诸脑后"上,30—34 岁北京青年的认同度最高,且显著高于 25—29 岁和 35—44 岁的北京青年。在"使用社交网站有助于我的职业发展"上,30—34 岁北京青年的认同度最高,且显著高于 18—24 岁和 25—29 岁的北京青年;35—44 岁北京青年的认同度较,且显著高于 25—29 岁的北京青年。在"我使用社交网站是为了与朋友和家人沟通、交流"上,35—44 岁和 3—34 岁北京青年的认同感显著高于 18—24 岁和 25—29 岁的北京青年。详见表 3-30。

表 3-30　不同年龄的北京青年对社交网络使用的认同度(单位:%)

	18—24 岁	25—29 岁	30—34 岁	35—44 岁
社交网站是一种令人愉快的休闲方式	3.93	3.74	4.00	3.91
使用社交网站能够消磨无聊的时间	4.00	3.79	3.93	3.81
我使用社交网站是为了能够发布自己的信息	3.43	3.34	3.55	3.51
使用社交网站让我把学校、工作或其他事情抛诸脑后	3.23	3.18	3.35	3.09
没有人和我讲话或陪伴我时,我会使用社交网站	3.66	3.54	3.72	3.64
使用社交网站有助于我的职业发展	3.67	3.50	3.84	3.77
我使用社交网站是为了与朋友和家人沟通、交流	3.94	3.79	4.09	4.10

不同婚姻状况的北京青年在"我使用社交网站是为了能够发布自己的信息""使用社交网站有助于我的职业发展""我使用社交网站是为了与朋友和家人沟通、交流"上认同度的差异均显著。

其中,在"我使用社交网站是为了能够发布自己的信息""使用社交网站有助于我的职业发展""我使用社交网站是为了与朋友和家人沟通、交流"上,已婚北京青年的认同度均较高,且显著高于未婚北京青年。详见图3-12。

不同受教育程度的北京青年在"使用社交网站能够消磨无聊的时间""我使用社交网站是为了能够发布自己的信息""使用社交网站让我把学校、工作或其他事情抛诸脑后""使用社交网站有助于我的职业发展""我使用社交网站是为了与朋友和家人沟通、交流"上认同度的差异均显著。

其中,在"使用社交网站能够消磨无聊的时间"上,高中/中专/中职学历北京青年的认同度最低,且显著低于高职/大专和本科学历的北京青年。在"我使用社交网站是为了能够发布自己的信息"上,研究生及以上学历北京

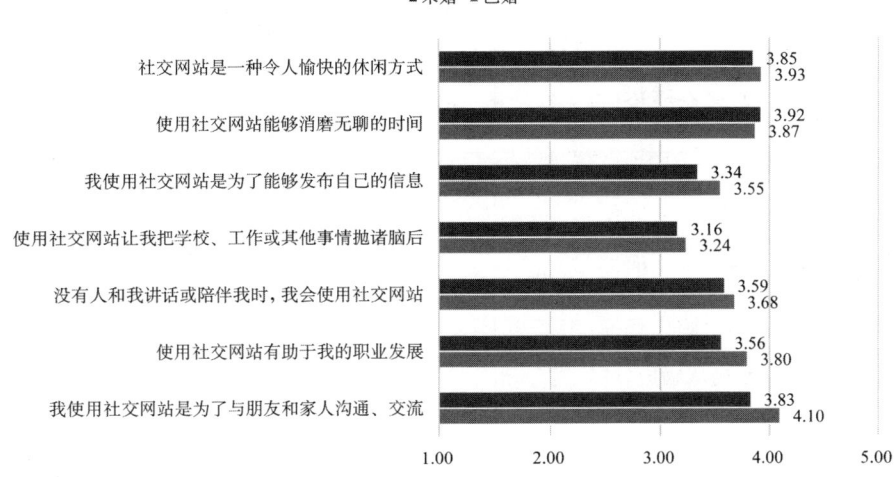

图 3-12 不同婚姻状况的北京青年对关于社交网络的使用的认同度

青年的认同度最高,且显著高于初中及以下和高职/大专学历的北京青年;本科学历北京青年的认同度较高,且显著高于高职/大专学历的北京青年。在"使用社交网站让我把学校、工作或其他事情抛诸脑后"上,高中/中专/中职学历北京青年的认同度最高,且显著高于初中及以下和高职/大专学历的北京青年;初中及以下学历北京青年的认同度最低,且显著低于本科学历的北京青年;高职/大专学历北京青年的认同度较低,且显著低于本科和研究生及以上学历的北京青年。在"使用社交网站有助于我的职业发展"上,本科和研究生及以上学历北京青年的认同度较高,且显著高于高中/中专/中职和高职/大专的北京青年。在"我使用社交网站是为了与朋友和家人沟通、交流"上,研究生及以上学历北京青年的认同度最高,且显著高于高中/中专/中职和高职/大专的北京青年。详见表 3-31。

表 3-31　不同受教育程度的北京青年对社交网络使用的认同度（单位：%）

	初中及以下	高中/中专/中职	高职/大专	本科	研究生及以上
社交网站是一种令人愉快的休闲方式	3.76	3.87	3.97	3.89	3.92
使用社交网站能够消磨无聊的时间	3.79	3.67	3.99	3.92	3.90
我使用社交网站是为了能够发布自己的信息	3.30	3.43	3.30	3.48	3.56
使用社交网站让我把学校、工作或其他事情抛诸脑后	2.96	3.32	2.98	3.28	3.19
没有人和我讲话或陪伴我时,我会使用社交网站	3.51	3.54	3.49	3.68	3.72
使用社交网站有助于我的职业发展	3.67	3.51	3.54	3.72	3.80
我使用社交网站是为了与朋友和家人沟通、交流	3.93	3.89	3.87	3.98	4.08

不同户籍所在地的北京青年在"我使用社交网站是为了能够发布自己的信息"上认同度的差异显著。其中,在"我使用社交网站是为了能够发布自己的信息"上,天津户籍北京青年的认同度最高,且显著高于北京和其他地区户籍的北京青年。详见表 3-32。

表 3-32　不同户籍所在地的北京青年对社交网络使用的认同度（单位：%）

	北京	天津	河北	其他地区
社交网站是一种令人愉快的休闲方式	3.87	4.08	3.98	3.90
使用社交网站能够消磨无聊的时间	3.86	4.03	4.02	3.91
我使用社交网站是为了能够发布自己的信息	3.45	3.84	3.62	3.37
使用社交网站让我把学校、工作或其他事情抛诸脑后	3.19	3.42	3.38	3.15

续表

	北京	天津	河北	其他地区
没有人能够和我讲话或陪伴我时,我会使用社交网站	3.62	3.78	3.73	3.63
使用社交网站有助于我的职业发展	3.69	3.83	3.85	3.64
我使用社交网站是为了与朋友和家人沟通、交流	3.96	4.06	4.07	3.98

在北京居住时间不同的北京青年在"使用社交网站有助于我的职业发展"上认同度的差异显著。其中,在"使用社交网站有助于我的职业发展"上,在北京居住0.5—1年(不含1年)的北京青年的认同度最低,且显著低于在北京居住1—3年(不含3年)、5—10年(不含10年)和10年及以上的北京青年。详见表3-33。

表3-33 在北京居住时间不同的北京青年对社交网络使用的认同度(单位:%)

	0.5—1年(不含1年)	1—3年(不含3年)	3—5年(不含5年)	5—10年(不含10年)	10年及以上
社交网站是一种令人愉快的休闲方式	3.72	4.01	3.86	3.88	3.90
使用社交网站能够消磨无聊的时间	3.57	4.00	3.89	3.94	3.89
我使用社交网站是为了能够发布自己的信息	3.41	3.50	3.29	3.54	3.46
使用社交网站让我把学校、工作或其他事情抛诸脑后	2.96	3.33	3.20	3.14	3.21
没有人和我讲话或陪伴我时,我会使用社交网站	3.78	3.73	3.69	3.59	3.63
使用社交网站有助于我的职业发展	3.33	3.79	3.61	3.66	3.71
我使用社交网站是为了与朋友和家人沟通、交流	3.59	4.05	3.93	4.05	3.97

第三节　发展趋势的思考

一、最关注的社会角色体现北京青年的担当

在最关注的社会角色上,企业家是北京青年的首选,教师其次,自由职业者第三。如今,社会处于新转型期,青年群体对于经济的关注有着前所未有的热情。随着城市化进程的不断推进和经济全球化趋势的日益加剧以及我国综合实力的增强,经济成为众人甚至青年群体瞩目的焦点和关注点。青年群体在出国旅游、留学等过程中,切身体会到自己国家实力的增长,并不断激发其爱国热情和为国家奉献一己之力的决心。那么,在青年人的眼中,企业家/实业家应该是他们最想实现的社会角色。北京青年第二想成为的社会角色是教师。当然,调查问卷没有显示是大学教师还是中学、小学或者幼儿教师。我们抛开这个细化的分类,就教师这一社会角色而言,我们注意到,在经济崛起的同时,伴随着精神文明的进步,整个社会对于人文社会科学和自然科学的重视程度与日俱增,这意味着继20世纪80年代之后的第二个黄金时代(即精神再度辉煌时代)来临,即对于知识的渴求,对于教育的重视、对于精神世界丰实的内在需求进一步增强。随着中国社会经济化、人文化程度的加剧,教师成为青年心目中的理想职业。北京青年第三想成为的社会角色是自由职业者,这个社会角色显示了时代变迁的特殊性,这是社

会转型期的一个新兴职业。随着全球化、信息化、商品化、网络化时代的到来,人们的生产生活方式的改变,社会新兴阶层不断涌现,如流浪歌手、自由撰稿人、专职作家、网络写手等,他们怀揣自由职业人的梦想和追求,游走在体制内和体制外的边缘,推动着青年群体的发展。而新兴阶层的涌现,打破了历史上青年群体单一或较为固定的模式,也在形塑着青年多元的价值观和世界观,导致社会分层不断加剧。这也是一个严肃和重大的问题,需要我们不断地对青年群体进行引导,激励新时代青年追求伟大复兴的中国梦。

调查问卷进一步显示,在北京居住时间的不同,青年们关注的社会角色和最希望成为的社会角色也不尽相同:居住0.5—1年(不含1年)的最关注企业家/实业家、父母、自由职业者;居住1—3年(不含3年)的最关注企业家/实业家、父母、军人;居住3—5年(不含5年)和10年及以上的最关注企业家/实业家、影视明星偶像;居住5—10年(不含10年)的最关注企业家/实业家、父母、科学家。在北京居住10年及以上的北京青年最希望成为的社会角色是企业家/实业家、教师、自己。随着居住年限由短变长,排名第三位的最希望成为的社会角色由自由职业者到军人,到影视明星偶像,再到科学家,最后到自己。这样一个变化过程,说明北京的政治经济文化特色对青年群体的感召力是强大的,同时也说明北京的城市文化底蕴深厚,对青年群体的社会观和价值观产生了重大影响。

二、网络信息关注类型体现了北京青年的政治、文化特色

调查显示,总体上,被调查的北京青年对各种网络信息的关注度由高到低依次为各类时事、政治新闻(信息)(3.92分);社会文化新闻(信息)(3.89

分);专业技术、学习(培训)信息(3.83分);科技信息(3.78分);生活服务信息(3.77分);购物信息(3.66分);休闲、旅游信息(3.63分);娱乐、体育新闻(信息)(3.59分);内地(大陆)、港澳台地区电影/电视剧(3.44分);金融证券信息(3.39分);求职、招聘信息(3.38分);美国、欧洲电影/电视剧(3.36分);游戏、电子竞技新闻(信息)(3.13分);日、韩电影/电视剧(3.05分);婚恋、交友信息(2.88分)。

总之,对于北京青年群体的调查在四个层面上呈现了其文化、娱乐、闲暇的总体状况,而文化、娱乐、闲暇时间最能体现青年真正的爱好和需求,调查问卷显示,企业家/实业家、父母、影视明星偶像、教师、自由职业者等都是北京青年所关注和希望成为的社会角色。对于周末闲暇时光,不同调查群体有不同的需求,不同受教育程度的北京青年周末休闲内容不尽相同。对网络信息和关注度调查结果显示,北京青年对于政治事务的关心和参与度逐渐提高,追求知识和学习文化的时间也正在增加,这说明北京青年的政治文化底蕴较浓厚,体现了首都特色和文化特质。为此,以上对于北京青年群体的文化娱乐闲暇的调查结果表明,面对消费主义和经济大潮的冲击,北京青年群体的文化精神风貌与社会历史文化变迁相呼应,呈现了新时代转型期青年群体特有的价值观和人生观。

三、闲暇时间的运用体现了北京青年的成长需求

闲暇时间最能体现青年真正的爱好和需求,数据显示,总体上,被调查的北京青年周末最主要做的事依次是读书/学习(11.2%)、睡懒觉(9.4%)、社交/找朋友玩(9.4%)、网上休闲(9.3%)、锻炼身体(9.3%)、逛街/购物(9.

1%）、带小孩/教育子女(8.3%)、照顾父母(8.3%)、做家务(6.8%)、郊游(4.3%)、看电视(4.2%)、兼职(3.9%)、加班(3.1%)、志愿服务(2.1%)、打牌打麻将等娱乐(1.3%)。北京青年的周末主要以读书、健身、社交、网上休闲、睡懒觉为主。

不同调查群体有不同的需求。从数据看，农民工和公务员都有网上休闲的需求。高校学生主要是睡懒觉、社交、找朋友玩、读书/学习；农民工主要是网上休闲、读书/学习、睡懒觉；高校教师主要是读书/学习、锻炼身体、照顾父母；公务员主要是锻炼身体、网上休闲、社交、找朋友玩；白领主要是读书/学习、带小孩/教育子女、逛街/购物。

数据显示，不同受教育程度的北京青年周末闲暇内容不尽相同。其中，初中及以下学历的北京青年主要是读书/学习、网上休闲、逛街/购物；高中/中专/中职学历的北京青年主要是网上休闲、睡懒觉；高职/大专学历的北京青年主要是睡懒觉、社交、找朋友玩、读书/学习；本科学历的北京青年主要是读书/学习、逛街/购物、网上休闲；研究生及以下学历的北京青年主要是读书/学习、锻炼身体、带小孩/教育子女。由此看来，初中及以下和本科学历青年主要有网上休闲的行为，这一年龄阶段网上休闲行为比较频繁的原因是，初中及以下学生还没有形成更好的自控能力，这有各种原因，也与国家整体教育状况有关。学生由高中考入大学，由紧张的竞争状态转入放松愉快的精神状态，在各种休闲项目中，网络休闲是最适合他们的一种。比如大学生沉迷于动漫和电竞之中，这正成为大学生群体日常生活的重要内容。

在上网的时间上，甚至有7.9%日平均上网率达到8小时以上，说明北京青年一部分是沉迷网络的。不得不说，这一代青年群体是网络的一代。从调查数据看，白领和高校学生是网民的主要构成群体。相对而言，农民工上网时间较少，也与他们从事的职业和工作内容有关。总体上，这一代青年农民工的生活方式被网络时代形塑着,发生了重大的变化。尤其是对于高校学生而言,加强网络文化建设和网络政策的制定势在必行。在被调查的北京青年中,有31.4%日平均上网时间为3—5小时,有28.2%日平均上网时间为2—3小时,分别有17.2%和14.0%日平均上网时间为5—8小时和1—2小时,另外还有7.9%和1.6%日平均上网时间为8小时以上和1小时及以下。不同调查主体差异显著,其中,农民工的日平均上网时间相对较短,白领和高校学生的日平均上网时间相对较长。

在日平均线上工作学习时间上,在被调查的北京青年中,39.9%日平均线上工作学习时间为1—2小时,22.1%、21.4%和11.7%日平均线上工作学习时间分别为2—3小时、1小时及以下、3—5小时,另外还有3.9%和1.2%日平均线上工作学习时间为5—8小时和8小时以上。不同调查主体差异显著,其中,白领和高校教师的日平均线上工作学习时间相对较长,农民工的日平均线上工作学习时间相对较短。网络成为北京青年学习的主要方式,但是他们在网络上也并非一直处于学习状态,还会做学习之外的事情,这也是现在青年群体网络生活的表现形式之一。同时,数据还显示,在北京居住时间不同的北京青年日平均线上工作学习时间差异显著,$p<0.05$。其中,在北京居住5—10年(不含10年)和10年及以上的北京青年的日平均线上工作学习时间相对较长,在北京居住0.5—1年(不含1年)的北京青年的日平均线上工作学习时间相对较短。这说明北京作为政治文化中心的地域化特色,也在潜移默化影响着青年的价值观和世界观,随着居住年限的增长,青年的自身觉悟和意识有明显提高。

第四章

青年文化研究的传播与认同

青年身负时代赋予的历史责任。新时代的中国青年恰逢其时,当前有足够的机会让他们施展才干、实现梦想。

高效的传播媒介是推动青年文化研究认同的载体。旅游和网络短视频的传播方式越来越重要,这两种传播方式的共同活跃主体是青年群体。在民族国家的文化战略中,文化受众群体最受关切的当然是青少年群体,而游学旅游的青少年也是旅游文化接受和传播的主体。因此,旅游文化与青少年文化在全球化进程中的民族文化重建中相遇了。青年通过短视频,从自身和日常生活视角出发,生动、细腻地传递着中国形象,体现了爱国情怀及对主流意识形态的认同,具有互动性强、直接有效的"微"特色,与主流媒体形成互补,成为国家形象传播与塑造的重要方式。

第一节 旅游中的青年文化研究——香港游学旅游

在全球化进程中,游学旅游与文化传承在多个场域内实现了交流与碰撞,形成了蔚为壮观的景象,游学旅游是文化传承的载体,是文化交流的媒介,二者的实现主体为青少年。通过分析香港游学旅游的发展历史、规模结构,我们可以从中探寻出游学旅游与文化传承的隐性的、动态的联系,为旅游、文化及青少年的三方深入融合开辟了相应的场域和路径。

一、香港游学旅游的历史沿革

香港游学旅游发展经历学校组织旅游、校外活动、境外游学三个阶段,游学活动从贵族化向大众化迈进,承办单位由学校、教育协会转向旅行社。

香港游学早期都是以学校旅游为主,形式多是海外夏令营、留学服务计划等。当时,这些海外夏令营、留学服务计划等活动因为费用不菲,多以国际学校或贵族学校为主,目的地多是美国、新加坡、澳大利亚等国家,全部或部分旅费及行程安排则由各国领事馆赞助和补助,宣传其国家形象和文化,学习内容多为英语。

香港回归祖国后,游学概念开始逐渐形成,大型旅行社也开始加入游学市场。例如康泰旅行社推出的夏令营以"文武兼修"为卖点,除学习英语及普通话外,还加入武术、外展锻炼、国防教育等活动;永安旅游推出的游学团以美国、英国、澳大利亚、加拿大及新加坡等地为主,以学习英语为主要目标;东瀛游特别成立"跳出校园"计划,每年举办日本游学团,内容为体验日本文化、团体户内外活动、野外训练等;港中旅则承办了"薪火相传"大型内地交流活动,让学生游学祖国,认识祖国;其他中小型旅行社主要是承接学校的包团服务。

这个阶段,学校方面以香港教育局安排的交流活动为蓝本,要求旅行社提供包团服务,并严格按照《境外游学活动指引》来执行。《境外游学活动指引》中指出,境外游学活动是指由学校策划、组织,并由校方委任的领队负责带领学生去香港以外地区做探访、交流、研习或服务等活动。

二、香港游学旅游市场的规模及结构

(一)香港游学市场规模较大,结构稳定

香港游学主要以政府资助与社会资助为主,多采用市场化运营方式。

教育作为促进社会流动的重要因素和青年一代应对知识型经济的重要保障,已在香港社会达成普遍共识。教育一直是政府经常开支最多的领域,2012/2013年度的经常开支近六百亿港元,较2007/2008年度增加28%。

2011—2012学年,香港有小学568所,小学生322,881人;有中学524所,中学生467,087人;有大学8所,大学生75,761人,适合游学的学生人数高达86.6万,加上教育局游学指引要求10位未成年学生必须配1位老师或成年领队,这样可以增加8.6万个成人就业岗位,游学市场总人数可达约95.2万人。见表4-1。

表4-1 2011/2012学年香港学校及学生情况

学校类别	数量(所)	在校学生(人)	政府经费(亿港元)	
			所占比例	数额
小学	568	322,881	21.1	118.27
中学	524	467,087	39.3	220.28
高等教育(大学)	8	75,761	24.4	136.77
总计	1,100	865,729	84.6	475.32

数据来源:http://www.edb.gov.hk/index.aspx? nodeID=1032&langno=2

中学的游学市场份额在上述三种类别的香港学校中最大。2011/2012学年,香港政府在教育方面的开支682.74亿,相当于政府开支总额的18.6%,相当于其GDP的3.6%,政府这一学年用于小学、中学、大学的经常开支达560.52亿港元。其中,中学开支所占比例最高,为39.3%,约220.28亿港元。

香港游学事业得到香港政府各类基金的大力支持。关爱基金是香港特区前行政长官曾荫权2010至2011年度施政报告中提出、筹划的一个慈善信托基金,由政府出资50亿港元,同时向商界等募50亿港元,为基层市民提供社会安全网不能提供的多方面支援。其目的是希望缓和香港社会的仇富情绪,同时发挥先导作用,辨别措施是否应纳入常规援助中。基金于2011年下半年开始运作,督导委员会主席由特区政务司司长担任。督导委员会的成员包括20名来自商业、社会福利、教育、医疗、劳工、政界等不同领域的非官方成员以及4名官方成员,下辖执行委员会及教育、民政、医疗、福利4个小组委员会。

在已落实的计划当中,校本基金(境外学习活动)即为支持游学的计划,资助的对象是清贫学生,包括就读官立学校、资助学校、按位津贴学校及直接资助计划下本地学校小一至中七的学生;这些学生可领取综合社会保障援助、学生资助办事处全额津贴或半额津贴,领取时间从2011年7月至2014年6月(为期三年)。

按照香港中学的设置情况,共有官立学校32所、资助学校441所、按额辅助学校3所、直接资助学校61所,共537所中学有资格申请关爱基金,实际参与申请的为524所。见表4-2。

表4-2 香港中学设置情况

中学性质	数量(所)	备 注
官立学校	32	
非官立学校	611	
私立学校	89	

续表

中学性质	数量(所)	备 注
私立独立学校	6	私立独立学校须确保最少70%的学生为香港儿童
直接资助学校	61	1991年9月起推行直接资助计划(直资计划),政府通过提供资助,鼓励那些已达到相当高教育水平的非官立中学加入直资计划,以提高私校教育的水平
资助学校	441	
按额辅助学校	3	
英基学校协会	7	于1967年成立的香港非营利教育组织,创办的20所教育机构以国际小学、中学为主,现为全亚洲最大的国际学校协会之一

数据来源:香港教育局网站

按关爱基金3,000港元的人均标准和游学市场约95.2万的总人数计算,其市场价值约28亿港元,而实际游学成本可达4,000—5,000港元,所以,由关爱基金带动的游学市场价值可达约38亿—48亿港元。

除关爱基金外,还有设立于1998年1月的优质教育基金为游学提供资助。优质教育基金获得政府拨款50亿港元,用于资助各项推动香港优质教育的计划。优质教育基金主要资助基础教育范围内(即幼稚园、小学、中学及特殊教育)值得推行的非营利创新计划。

青年内地考察团资助计划由香港青年事务委员会设立。该委员会旨在协助制定及推动有关香港青年发展的计划及相关活动,就青年事务向行政长官提供意见。青年内地考察团资助计划的目的,是通过资助香港青年在内地的考察活动,促进香港青年认识和了解中国国情,以及与内地人民交流,提高他们的国民身份认同。除了青年事务委员会的资助外,此项计划亦获得华人永远坟场管理委员会的慈善捐款资助。资助计划的审批工作由青年事务委员会下辖的青年国民教育工作小组处理。每项计划的最高资助额为60万港元,2012至2013年度共有142家包括学校、社团在内的单位获得资助,共涉及金额约达8,520万港元。

由香港教育局资助的游学旅游活动包括"同根同心——香港初中及高小学生内地交流计划"和"赤子情·中国心"计划。

"同根同心——香港初中及高小学生内地交流计划"自2008年开始举办,目的是为香港学生提供交流经验,加深其对广东省的历史文化、风俗特色、城乡建设等各方面发展的认识,并让学生体会粤港两地的关系。交流计划自举办以来普遍受到学校及家长的欢迎,他们认为此计划能配合学与教,同时有助开拓学生视野。为增加学生参加内地学习及交流活动的机会,《2010—2011施政报告》宣布政府会提供机会,让学生于中、小学阶段内获资助参加至少一次内地交流计划,每团师生人数最少88人,最多220人,教育局资助额为团费的70%。

香港教育局举办的"赤子情·中国心"资助计划,目的是希望提高学生对国家的认识。学校可选择在内地进行课程学习、参访及交流活动(可包括在香港本地进行的培训活动);或在香港境内(包括校内及校外)进行一系列活动,以达到本计划的目的。全港中小学均可申请,受众包括校长、教师及学生。教育局资助额为团费的70%。

(二)香港游学市场社会参与程度高,市场化运作较为成熟

除了政府提供的基金,社会资助也很多,其中"赛马会全方位学习基金"资助面更为广泛。

"赛马会全方位学习基金",由香港赛马会慈善信托基金于2002年成立,为期5年。该笔基金共约1.3亿港元,目的是资助经济上有困难的学生

参与学校举办或认可的在香港举行的全方位学习活动。每所中、小学获得的拨款，是按该校就读小四至小六或中一至中三，且又符合领取学生资助办事处全额资助或综合社会保障援助资格的学生人数计算的。学校除了考虑上述两类学生对基金的申请，也可使用拨款资助经审定符合学校规定有经济困难的学生参与全方位学习活动。由2005年9月开始，学校使用拨款帮助有经济困难学生的上限，由10%增至100%。

由于"赛马会全方位学习基金"受到学校、家长及学生的普遍欢迎，香港赛马会慈善信托基金同意拨出2.6亿港元，将该计划延长5年至2012年，同时将受助学生的年级延伸至整个中小学阶段。在"赛马会全方位学习基金"推出的第一个5年中，每年均有超过1000所学校接受赛马会全方位学习基金资助，推行全方位学习活动，学校参与率近九成，平均每年约有10,000名合格学生受惠。

亚洲旅游交流中心的《香港青少年赴内地游学兴趣调研报告》显示，香港青少年赴内地游学团申请经费资助已是常态，申请比例高达59.8%，在为数众多的各类基金中，政府关爱基金所占比例最高，为29.4%；香港赛马会基金所占比例为26.5%，居次位。香港对青少年游学的社会资助较为完善，各项基金运营多年，也较为成熟。政府资助在所有类别的资助中所占比例最高，成为香港青少年游学的重要保障。

(三) 香港青少年游学旅游目的分布广泛

中国香港教育工作者联会(以下简称"教联")数据显示，香港青少年游学主要前往新加坡、韩国、澳大利亚、中国内地、美国、加拿大、日本、马来西亚、英国等地，其中，中国内地成为中国香港青少年游学最主要的目的地，而前往广东省的游学旅游人数所占比例最大。

亚洲旅游交流中心的《香港青少年赴内地游学兴趣调研报告》也显示,香港青少年游学旅游主要目的地仍在内地,且以广东省为主,广东以外的远途地区正在逐步增加。中国香港周边国家及地区、欧美地区和中国台湾成为继中国内地之后的主要目的地。

(四)香港青少年赴内地旅游花费低于市场平均价格

香港青少年赴内地旅游花费低于市场平均价格,一方面,由于所去目的地大多集中于广东省,为短途旅游,所以花费相对较少;另一方面,由于受到政府及社会的资金支持,学生自身需要支出的费用较低。

《香港青少年赴内地游学兴趣调研报告》显示,香港青少年到内地旅游花费主要集中于1,000—2,000港元,总体花费大幅低于市场平均价格,政府及社会资助较为普遍(如图4-1)。

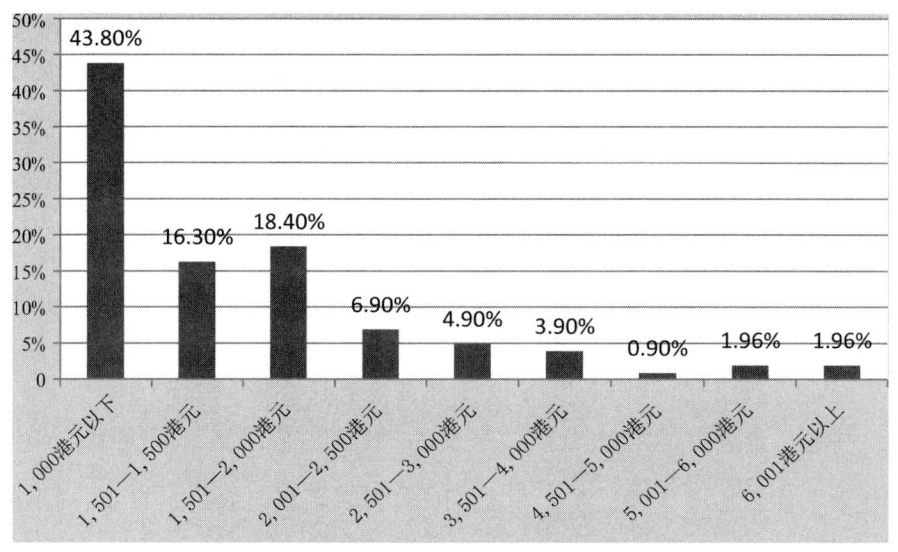

图4-1　香港青少年赴内地旅游花费百分比

三、游学旅游作为文化传承的重要载体

(一) 游学旅游是全球化进程中实现文化认同的重要手段

全球化进程引发的民族认同问题早已进入学术视野,甚至可以说,这也是全球化带来的主要问题之一,民族国家对此争论不已。一方面,全球化通过打破民族认同中的文化同质,从而达到对民族认同进行限制的目的;另一方面,全球化也为某些独特文化通过新技术进行文化重塑提供了可能,并且为文化发展打开了新的渠道。在这两个方面中,旅游文化借全球化之势与民族文化认同发生了联系,而游学旅游正是承载了旅游文化传播与兴盛重任的载体。

旅游对民族文化认同形成了冲击。在"文化全球化"浪潮下,全球文化正处于变革之中,这种变革是世俗的、普遍的、深刻的。旅游行为对本地生活体验的冲击和挑战,不是消极被动的事实,而是积极主动的扩张,是一个有目的、有规划、有意识的进程,不断加深全球性与地方性的矛盾和冲突,使"文化全球化"更多地表现为文化的单向流动。面对西方强势文化的侵蚀,保持一个民族国家的文化主体性成为关键而急迫的问题。

在民族国家的文化战略中,文化受众群体最受关切的当然是青少年群体,而游学旅游的主体青少年同时也是旅游文化接受和传播的主体。因此,旅游文化与青少年文化在全球化进程中的民族文化重建中相遇了。青少年文化与旅游文化在全球化的语境下均受到规制。

(二)游学旅游承载了中国"游文化"的精神

游学旅游是文化传承、寓教于游的典型形式,是教育机构实现教育效果的重要手段。

游学是世界各国、各民族文明中,最为传统的一种学习教育方式。现代教育意义上的游学,是随着20世纪全球化发展而产生并逐渐成熟的一种国际性跨文化体验式教育模式。

游学指离开自己熟悉的环境,到另一个全新的环境中进行学习和游玩,既不是单纯的旅游也不是纯粹的学习,在学习之中放松,在游玩当中学习。游学的本质是文化的融合,是开阔视野、培养国际观的一种绝佳方式。

我国从春秋末年到战国末年,在社会上兴起的越陌度阡、投师问学、切磋学问的学子旅行活动,在我国旅游史上被称为"游学之旅"或"学旅"。先秦游学是中国旅游史上最早发生的民间文化旅游活动。春秋战国时期,在士的崛起、诸侯争霸、列国争战与诸子百家争鸣的形势下发展起来的游学,打上了时代的烙印,形成了自己的特色:一是游学阶层复杂,人数众多,地域广阔,形式多样。二是游学条件差,游学者贫富悬殊。三是游学突破了游不及庶人、乐仅限于大夫的局面,提高了旅游的文化层次和审美意识。

游学虽是一种功利性质的旅游活动,但它以文化思想为基础,以艰辛和坎坷的旅途为活动形式,是锻炼和造就人才的好方法。旅游者游观事物的渊博学说、文化思想和审美情趣,无疑丰富和提高了旅游的文化内涵。

(三)游学旅游还是进行国民教育的必要手段

香港的国民教育历来是社会关注的热点,如何进行有效、合理、平稳的国民教育是目前香港教育界的重要问题。通过游学旅游强化国民教育的一个绝好例子,就是红色旅游。

红色旅游是把红色人文景观和绿色自然景观结合起来,把革命传统教育与促进旅游产业发展结合起来的一种新型的主题旅游形式,其打造的红色旅游线路和经典景区,既可以观光赏景,也可以了解革命历史,增长革命斗争知识,学习革命斗争精神,培育新的时代精神,并使之成为一种文化。

首先,红色旅游的发展前提是提高精神质素,丰富道德内涵。红色旅游是新形势下精神文明建设的重要载体,在推进旅游产业发展的同时,也推进了精神文明的建设,满足了公众对"红色文化"的需求,寓教于游,寓教于乐。

其次,红色旅游精神基础是弘扬爱国主义。红色旅游为革命历史传统教育及爱国主义教育找到了最佳的结合点,发挥着第二课堂的巨大教育作用。红色旅游是培育"红色"下一代的重要课堂。通过开展红色旅游活动,可以将革命历史知识、革命传统和革命精神以旅游的方式传输给广大青少年。

从社会学视角看,青年作为富有生命力和创造力的群体,是充满活力的,其发展程度往往是衡量一个社会发展程度的重要指标。而红色旅游则以吸引广大青少年前往革命圣地旅游,并进行革命传统教育为目的。可以说,红色旅游为文化的传播提供了必要的对象和载体。

目前,香港众多的游学线路中也包含一定数量的红色旅游产品及文化的展示。但亚洲旅游交流中心的《香港青少年赴内地游学兴趣调研报告》显示,香港青少年对"红色旅游"的认知程度较低,红色旅游作为具有特定内涵的概念在香港青少年中较为生僻,"红色旅游"的总体吸引力较弱。对于红色旅游,香港青少年总体了解较少,其中,表示"不了解,没听过"的占57.8%,表示"了解一些情况"的占27.5%,表示"知道基本内容"的占

11.8%,表示"非常熟悉"的有3人,所占比例为2.9%。有48%的人认为"基本没有吸引力",37.3%的人认为"有一般吸引力",只有2.9%的人认为"有较强吸引力"。作为国民教育的重要方式,红色旅游目前在香港地区的吸引力和认知度还需提升。

四、香港青少年游学旅游与国家认同研究需深化

香港青少年游学旅游与国家认同研究将为旅游与文化的深入融合开辟相应的场域和路径,进一步丰富社会认同理论的内涵。从认同理论视角介入,可以拓宽旅游研究的范畴,为青少年研究提供新的视点,推动香港国民教育研究深入发展。

(一)对香港青少年游学旅游研究的重要性认识需深化

"认同"作为社会研究的基本概念,原本是一个传统的哲学与逻辑问题,由西格蒙德·弗洛伊德(Sigmund Freud)移植到心理学领域,后进入广泛的人文和社科领域,成为当代学术界的一大流行词汇,并聚焦于民族(族群)、国家这类社会群体。国内外学者对之表现出了浓厚的兴趣,由此衍生出对民族认同的发展阶段、层次、要素,对文化适应和社会稳定的影响等问题的系统研究。香港青少年游学旅游的认同研究,将挖掘游学旅游作为实现民族认同、文化认同及国家认同的重要途径,探求作为其主要内容的红色旅游成为国家认同符号的理论溯源、历史脉络及发展前景,进一步推动香港青少年的国家认同实践。

(二)香港青少年游学旅游在旅游研究中的地位需提升

游学旅游作为旅游业务的一个分支正在逐步壮大,各大旅行社纷纷涉足游学旅游业务,竞争日趋激烈。游学旅游成为旅游市场拓展的重要方向。香港游学旅游市场深具潜力,赴内地游学旅游市场广阔,具有带动旅游、文化、教育等产业协同发展的潜质,对促进香港经济繁荣、社会发展有强劲的推动力。因此,厘清游学旅游概念、分析其内涵及外延、把握游学旅游市场的规模及结构、出台相应的政策、引导游学旅游市场健康有序发展是未来研究的重点。

(三)旅游、文化及青少年三方深入融合研究需加强

青少年、游学旅游、旅游文化是香港青少年游学旅游研究涉及的三个关键词,形成了新的研究场域。从文化研究角度,青少年是游学旅游和文化传承的主体,也是连接二者的桥梁,梳理并分析这种联系,并将之转化为生产实践,才能有效地为青少年文化创新实践增加动力;游学旅游与文化传承的相互关系是隐性的和动态的,但蕴含着特定的逻辑和规则,把握其中的规律将有助于深入剖析旅游与文化的相互关系,为推动旅游与文化的融合发展提供理论参考。

香港青少年游学旅游具有多重价值,但无论是在理论研究还是实践开发上,目前仍处于边缘状态,尚未引起社会各界足够的重视,其提振旅游市场和产业、促进香港青少年国家认同、强化文化与旅游融合发展的功能尚未得到充分释放。在全球化视野下,在旅游及文化产业转型升级和深化改革的大趋势下,深入研究香港青少年游学旅游研究的各个层面,形成游学旅游

研究"场域",是游学旅游研究的必然路径。

第二节 媒介中的青年文化研究——短视频出海

近年来,全球短视频行业快速发展,正在成为人们重要的休闲、娱乐、生活和社交方式,用户可以通过短视频了解其他国家和地区的历史文化、风土人情,也可以个性化地表达其日常生活,传播本土文化。优兔(YouTube)、抖音(TikTok)、快手(Kwai)、推特(Twitter)、欢聚时代(Likee)等平台及其应用程序在全球各大市场拥有较好的渗透率和活跃度。

第48次《中国互联网络发展状况统计报告》显示,截至2021年6月,中国短视频用户规模已达8.88亿,占网民整体的87.8%。巨大的用户规模成为短视频行业快速发展的基础,抖音、快手等应用程序迅速成长为全球短视频行业中的翘楚。据相关报道,2020年抖音每日活跃用户已超过6亿,2021年海外产品抖音全球月活跃用户已超过10亿;2021年快手全球月活跃用户数达到10亿。中国本土短视频扬帆出海,让中国本土用户"看见"了更加丰富多彩的世界,它用海外观众易于接受的方式讲好中国故事、传播中国文化,让越来越多的外国网友了解日新月异的中国。

一、中国"看见"世界

短视频平台的国际化是重要特点,全世界的网友用自己的视频共同记录了一个丰富多彩的世界,中国用户也得以用更开阔的视野来看待世界。中国人很多,但现在出过国的人毕竟还是少数,这类短视频为国人了解世界打开了一扇窗,架起了一座桥,足不出户就可以"遨游"世界。正如传播学者麦克卢汉所言,媒介是人的感觉能力的延伸或扩展。

在中国短视频平台上,活跃着一批外国创作者。"郭杰瑞(Jerry Kowal)",美国犹太人,他的视频以介绍美国文化、对比中美差异为主,在抖音上的粉丝数达759.2万。美国的网红餐厅、美国的春节、印度的火车、抗疫日记等让中国用户了解了不一样的海外生活。"印度胖娃snjy"作为来自印度喀拉拉邦的孩子,主要介绍印度美食、风俗等,在快手上的粉丝数达120.6万。

在海外生活的华人也通过短视频平台介绍了其他国家的情况。如"保罗在美国"则通过美食、宠物、玩转乐高、旅行等反映美国的社会情况,在抖音上的粉丝数达1,037.1万,在快手上的粉丝数为329.9万;"英国宝哥"主要介绍英国的生活、美食、时尚、日常生活、留学、社会现状等,在抖音上的粉丝数达312.5万、在快手上的粉丝数达1,422.6万;"Thaiseven77"则是一位在泰国从事美妆工作的女士,她介绍了泰国美食、文化、旅游注意事项等,在抖音上的粉丝数达155.2万、在快手上的粉丝数为180.9万;"泰国肥猫"则主要介绍泰国美食,在快手上的粉丝数达238.8万;"北京大姐在意大利"则主要介绍意大利的葡萄酒、风土人情、美食、文化、艺术等,在抖音上的粉丝数达185万。"澳洲杨姐"则通过分享其与老外女婿及家人的生活,让中国用户了解当地的日常生活及风俗习惯,在抖音上的粉丝数达247.1万。"刘庸干净又卫生"作为旅行领域的创作者,主要介绍印度的日常生活和风土人情,在抖音上的粉丝数达950.1万。

文化、美食和日常生活成为短视频的主要内容,也给中国用户"看见"世界提供了最直观、最易引发共鸣的载体。

二、让世界了解中国

我们的国际传播能力还有待提升,讲好中国故事还存在很多短板,短视频出海为讲好中国故事提供了新的路径。

短视频亲切、参与感强的叙事方式更能吸引用户关注。它以细腻、动人的情感,更能深入、完整、人性化地传递信息,引发观众共鸣。短视频以民间视角将镜头对准普通人,以最为质朴、真实的内容感染大众,让更多人感受、理解其内容,以获得更好的宣传效果。

"滇西小哥"4到10分钟的云南美食生活视频,引发海外网友热情点赞,在优兔上单期视频播放量多达千万次。视频中一位身着粗布衣的女孩行走在乡间,从田间地头采摘食材,经过烹调,端上家庭餐桌,这些滇西大山深处的田园生活被世界看见,全球各地的网友为之动容。中国大叔鼻烟壶内反向作画,引200万抖音网友围观;哈萨克斯坦一家牛肉面餐厅在抖音发起"兰州拉面挑战",视频播放量达190万次。

"歪果仁研究协会"是一个拥有百万级粉丝量的新媒体团队。他们在数十秒的视频中,展现松阳山水景观,村民挖竹笋、打香泡、割蜂蜜的视频获得上万条点评。其短视频多展现中国人所熟悉和热议的一些话题,有小吃、国货,还有中国综艺、表情包等,无不与文化生活紧密相连。该团队用了几年时间从北京街头走向中国各地。在"农村计划"中,他们还走进四川、云南、湖北、浙江等地的偏远乡村体验农村生活。这种短视频的民间叙事更有温度,更容易突破跨文化传播的障碍,更容易被人接受。

短视频摆脱宏大叙事，以平民化叙事和生活化叙事拉近与受众之间的距离，依靠视觉和听觉的打造，塑造真实的场景体验。抖音博主潘云峰短视频《破竹》展示的竹编手艺，在抖音等平台收获了上千万次播放量；景德镇陶瓷艺人指尖绝技走红海外，获得了4,500万次播放量；4,000万抖音网友爱上煎饼果子，中国"非遗"美食飘香海外；台北青年在抖音用汉服"梦回唐汉"；抖音网友赞不绝口的中国油纸伞有多美；中国非遗糖画火到海外；做了50余年木匠的"阿木爷"传承千年的木工手艺真是别样的"中国功夫"，令外国网友称奇。

三、要注意的问题

短视频平台作为民间媒体和自媒体有其独特的优势，其个性化、多元化的内容更易形成多角度、宽领域、全方位的关注，整体而言有利于人类文明交流互鉴。但也要注意一些问题。

第一，接受者需要提升判断能力。短视频平台作者多依据个人审美、爱好、经历创作短视频内容，具有主观性，未必与受众的需求相契合。短视频内容上存在一些片面性，这需要接受者有自己的判断能力。受众需加强自身的辨识力和判断能力，提升自身的媒介素养，有选择地吸收自媒体短视频正能量的内容。这样才能营造积极向上的社会氛围，实现传播效果最大化。

第二，及时调适心理接受状态。短视频是一种碎片化的传播，内容时长短、篇幅小、节奏快，视频背后传递出的网络信息呈现不系统和不连贯的特征，在传播过程中，容易形成短暂注意力和感性反应，受众难以对视频的内容与思想进行理性分析和深度思考。在长期接触短视频后，部分受众会逐渐习惯接受节奏快、独立性强的信息,而面对其他承载量大、耗时长且连续性强的宣传内容时,可能会表现为消极的心理接受状态,需要及时调适。

第三,理性看待流量作用。流量是网络时代获取注意力的数据表现形式,短视频博主基本都靠流量生存,为了涨粉,为了流量,往往会有意迎合特定的受众需求,可能会被资本和平台影响,滋生"涨粉""唯流量"乱象,无益于好的短视频作品输出。近年来,有关部门的监管力度不断加大,督促网站平台调整产品导向和功能设计,进一步健全内部管理制度,规范和引导受众群体理性看待流量。

第四,重视短视频侵权问题。短视频用户规模持续增长,带动对内容的需求迅速增加。在短视频平台上,与影视剧相关的解说、盘点、混剪、吐槽等内容符合用户观看需求,热度较高。大量短视频账号在未经授权的情况下免费搬运、传播短视频并从中获利,对版权所有者造成利益侵害。短视频平台应积极出台一系列应对措施,包括为二次创作内容购买版权、及时处理违规视频和账号等,致力于创造良好的版权环境。

短视频出海的问题也不容忽视,我们需重视海外短视频传播中国文化上的短板和不足,避免过度追求娱乐性和流量,应加强对文化传播与品牌构建的精细化规划与设计。短视频以内容质量化、精准化等优势,更易跨越空间和文化阻隔,使海内外用户的交流语境趋向融合,减少文化"折扣"现象,有效促进文化传播与交流。

参考文献

专著类

1.斯巴克斯.全球化、社会发展与大众媒体[M].刘舠,常怡如,译.北京:社会科学文献出版社,2009.

2.阿帕度莱.消失的现代性:全球化的文化向度[M].郑义恺,译.台北:群学出版有限公司,2009.

3.汤姆林森.全球化与文化[M].郭英剑,译.南京:南京大学出版社,2004.

4.费瑟斯通.全球化、后现代主义与认同[M].杨渝东,译.北京:北京大学出版社,2009.

5.陈清侨.文化想象与意识形态:当代香港文化政治论评[M].伦敦:牛津大学出版社,1997.

6.麦金托什,等.旅游学:要素·实践·基本原理[M].蒲红,等译.上海:上海文化出版社,1985.

7.本尼迪克特.菊花与刀:日本文化的诸模式[M].孙志民,等译.杭州:浙江人民出版社,1987.

8. 詹姆逊.晚期资本主义文化逻辑[M].王逢振,译.上海：三联书店,1997.

9. 吉登斯.现代性与自我认同[M].赵旭东,方文,王铭铭,译.北京：生活·读书·新知三联书店,1998.

10. 费瑟斯通.消费文化与后现代主义[M].刘精明,译.上海：译林出版社,2000.

11. 罗伯森.全球化：社会理论和全球文化[M].梁光严,译.上海：上海人民出版社,2000.

12. 林森.全球化与文化[M].郭英剑,译.南京：南京大学出版社,2002.

13. 费瑟斯通.消解文化：全球化、后现代主义与认同[M].杨渝东,译.北京：北京大学出版社,2009.

14. 吉登斯.第三条道路：社会民主主义的复兴[M].郑戈,译.北京：北京大学出版社,2000.

15. 艾尔雅维茨.图像时代[M].胡菊兰,张云鹏,译.长春：吉林人民出版社,2003.

16. 阿多诺.美学理论[M].王柯平,译.成都：四川人民出版社,2001.

17. 詹姆逊.晚期资本主义的文化逻辑[M].张旭东,译.上海：三联书店,1997.

18. 林森.文化帝国主义[M].冯建三,译.上海：上海人民出版社,1999.

19. 戴斌.北京市非传统旅游资源与产业成长研究[M].北京：旅游教育出版社,2009.

20. 魏小安,等.中国旅游业新世纪发展大趋势[M].广州：广东旅游出版社,1999.

21. 谢贵安,华国梁.旅游文化学[M].北京：高等教育版社,1999.

22. 章海荣.旅游文化学[M].上海：复旦大学出版社,2004.

23.麦克格鲁.全球化理论[M].王生才,译.北京:社会科学文献出版社,2009.

24.入江昭.全球共同体[M].刘青,颜子龙,李静阁,译.北京:社会科学文献出版社,2009.

25.拉格雷.青年与全球化[M].陈玉生,冯跃,译.北京:社会科学文献出版社,2007.

26.罗钢,王中忱.消费文化读本[M].北京:中国社会科学出版社,2003.

27.罗伯逊.全球化:社会理论和全球文化[M].梁光严,译.上海:上海人民出版社,2000.

28.汤姆林森.文化帝国主义[M].冯建二,译.上海:上海人民出版社,1999.

29.詹明信.晚期资本主义文化逻辑[M].陈清侨,等译.北京:生活·读书·新知三联书店,1999.

30.泰勒.原始文化[M].连树声,译.上海:上海文艺出版社,1992.

31.陈立旭.重估大众的文化创造力:费斯克大众文化理论研究[M].重庆:重庆出版社,2009.

32.陈映芳.角色与非角色之间[M].南京:江苏人民出版社,2002.

33.约翰生.究竟什么是文化研究[M].罗钢,刘象愚,译.北京:中国社会科学出版社,2000.

34.阿特拉斯.读诗的艺术[M].王敖,译.南京:南京大学出版社,2012.

35.皮卡德.沉默的世界[M].李毅强,译.上海:上海书店出版社,2013.

36.本雅明.本雅明文选[M].陈永国,马海良,译.北京:中国社会科学出版社,1999.

37.努斯鲍姆.同情心的泯灭:奥威尔和美国的政治生活[M]//格里森,

等.一九八四与我们的未来.董晓洁,侯玮萍,译.北京:法律出版社,2013.

38.张清华.中国当代作家海外演讲[M].北京:北京大学出版社,2012.

39.德勒兹.批评与临床[M].刘云虹,曹丹红,译.南京:南京大学出版社,2012.

40.萨义德.知识分子论[M].单德兴,译.北京:生活·读书·新知三联书店,2002.

41.颜峻.灰飞烟灭:一个人的摇滚乐观察[M].广州:广州花城出版社,2006.

42.罗蒂.哲学、文学和政治[M].黄宗英,等译.上海:上海译文出版社,2009.

43.于润洋.西方音乐与美学问题的文化阐释[M].上海:上海音乐学院出版社,2005.

44.罗蒂.实用主义哲学[M].林南,译.上海:上海译文出版社,2009.

45.德勒兹.哲学与权力的谈判:德勒兹访谈录[M].北京:商务印书馆,2000.

46.王逢振.性别政治[M].朱荣杰,等译.天津:天津社会科学出版社,2001.

47.克拉玛.布拉格精神[M].崔卫平,译.北京:作家出版社,1998.

48.豪泽尔.艺术社会学[M].居延安,译编.上海:学林出版社,1987.

49.王岳川.中国镜像:90年代文化研究[M].北京:中央编译出版社,2001.

50.于润洋.西方音乐与美学问题的文化阐释[M].上海:上海音乐学院出版社,2005.

51.波斯曼.技术垄断:文化向技术投降[M].何道宽,译.北京:北京大学出版社,2007.

52.迪克斯坦.伊甸园之门[M].方晓光,译.上海:上海外语教育出版社,1985.

53.桑塔格.反对阐释[M].程巍,译.上海:上海译文出版社,2003.

54.希翁.声音[M].张艾弓,译.北京:北京大学出版社,2013.

55.莱特.聆听音乐:第五版[M].余志刚,李秀军,译.北京:生活·读书·新知三联书店,2012.

56.威德森.现代西方文学观念简史[M].北京:北京大学出版社,2006.

57.斯诺.两种文化[M].纪树立,译.北京:生活·读书·新知三联书店,1994.

58.罗蒂.偶然、反讽与团结[M].徐文瑞,译.北京:商务印书馆,2003.

59.罗蒂.哲学、文学和政治[M].黄宗英,等译.上海:上海译文出版社,2009.

60.罗森.诗与哲学之争[M].张辉,译.北京:华夏出版社,2003.

61.沙姆韦.摇滚一种文化活动[M].王逢振,等译.天津:天津社会科学院出版社,2000.

62.布里埃.鲍勃·迪伦:诗人之歌[M].长沙:湖南人民出版社,2017.

63.怀特海.科学与近代世界[M].何钦,译.北京:商务印书馆,1987.

64.陆扬,王毅.文化研究导论[M].上海:复旦大学出版社,2006.

65.格拉西克.阿多诺、爵士乐、流行音乐的接受[M].王逢振,等译.天津:天津社会科学院出版社,2000.

66.张铁志..摇滚乐可能改变世界吗?[M].桂林:广西师范大学出版社,2011.

67.罗兰.现代小说,现代阅读:中国讲演录[M].孟湄,译.长沙:湖南文艺出版社,2014.

68.金惠敏.全球对话主义[M].北京:新星出版社,2013.

69.福柯.话语的秩序[M].许宝强,等译.北京:中央编译出版社,2001.

70.巴特.神话:大众文化诠释[M].许蔷蔷,许绮玲,译.上海:上海人民出版社,1995.

71.费斯克.理解大众文化[M].王晓珏,宋伟杰,译.北京:中央编译出版社,2001.

72.海德格尔.诗·语言·思[M].彭富春,译.北京:文化艺术出版社,1991.

73.茂莱.电影化的想象:作家和电影[M].邵牧君,译.北京:中国电影出版社,1989.

74.麦基.故事:材质·结构·风格和银幕剧作的原理[M].周铁东,译.天津:天津人民出版社,2014.

75.克拉考尔.电影的本性[M].邵牧君,译.北京:中国电影出版社,1982.

76.米尔斯.社会学的想象力[M].北京:生活·读书·新知三联书店,2005.

77.孙甘露.过去的归来[M].上海:上海书店出版社,2012.

78.麦克卢汉.机器新娘:工业人的民俗[M].何道宽,译.北京:中国人民大学出版社,2004.

79.王蒙.王蒙文集·谈话录(下)[M].北京:人民文学出版社,2014.

80.麦基.故事:材质·结构·风格和银幕剧作的原理[M].周铁东,译.天津:天津人民出版社,2014.

81.韦伯.支配社会学[M].康乐,简惠美,钱永祥,等译.桂林:广西师范大学出版社,2005.

82.吉登斯.民族:国家与暴力[M].胡宗泽,赵力涛,译.北京:生活·读书·新知三联书店,1998.

83.哈贝马斯.交往与社会进化[M].张博树,译.重庆:重庆出版社,1989.

84.哈贝马斯.合法性危机[M].刘北成,曹卫东,译.上海:上海人民出版社,2000.

85.沃尔夫.市场或政府:权衡两种不完善的选择[M].谢旭,译.北京:中国发展出版社,1994.

87.丁元竹,江汛清,谭建光.中国志愿服务研究[M].北京:北京大学出版社,2007.

87.中共中央马克思恩格斯列宁斯大林著作编译局.列宁全集:第36卷[M].北京:人民出版社,1985.

88.刘文富,等.全球化背景下的网络社会[M].贵阳:贵州人民出版社,2001.

89.周晓虹.全球化、社会转型与中国人社会心态的嬗变[M].北京:社会科学文献出版社,2017.

90.凡勃伦.有闲阶级论[M].蔡受百,译.北京:商务印书馆,1964.

91.邵培仁.传播学导论[M].杭州:浙江大学出版社,1997.

92.习近平.决胜全面建成小康社会,夺取新时代中国特色社会主义伟大胜利[M].北京:人民出版社,2017.

93.杨晶.演进·迭代·反哺:青年文化的当代阐释[M].北京:中国传媒大学出版社,2018.

94.任建树.陈独秀著作选编:第一卷[M].北京:人民出版社,2009.

95.陈映芳.在角色与非角色之间[M].南京:江苏人民出版社,2002.

96.李宗刚.新式教育与五四文学的发生[M].济南:齐鲁书社,2006.

97.斯诺,等.早年毛泽东传记、史料与回忆[M].刘统,编注.上海:三联书店,2011.

98.陈映芳."青年"与中国的社会变迁[M].北京:社会科学文献出版社,2007.

99.王汎森.中国近代思想与学术的系谱[M].长春:吉林出版集团有限责任公司,2011.

100.陈独秀.陈独秀著作选编(1897—1918):第一卷[M].上海:上海人民出版社,2008.

101.李大钊.李大钊全集:第一卷[M].北京:人民出版社,2006.

102.中国社会科学院近代史研究室.五四运动回忆录(续)[M].北京:中国社会科学出版社,1979.

103.列宁.列宁全集:第36卷[M].北京:人民出版社,1985.

104.李大钊.李大钊全集:第四卷[M].石家庄:河北教育出版社,1999.

105.列宁.列宁全集:第36卷[M].北京:人民出版社,1985.

期刊类

1.杨晶.后现代视阈下的复杂联结:全球化与旅游文化[J].文艺理论研究,2012(4).

2.王宁.全球化、全球本土化以及中国的文化学术策略[J].江海学刊,2017(3).

3.黄禧祯.关于青年文化本质的哲学思考[J].广州师院学报(社会科学版),1994(2).

4.陆玉林.青年文化研究方法的谱系分析[J].中国青年政治学院学报,2014(6).

5.杨晶.青年文化研究的现状与反思[J].中国青年研究,2018(3).

6.陈亮.青年文化[J].诠释与批评,2010(6).

7.孟登迎.青年文化研究再探讨[J].中国青年社会科学,2017(2).

8.张荆.青年文化的由来[J].青年研究,1998(6).

9.陆玉林.当代中国青年文化的回顾与反思[J].中国青年政治学院学报,2002(4).

10.陆玉林.当代中国的青年文化认同问题[J].当代青年研究,2012(5).

11.胡钰,吴倬.互联网对青年价值观的负面影响[J].青年研究,2001(3).

12.戴文静.近三十年中国青年文化研究的嬗变与反思[J].青年文化,2017(1).

13.孙熙国.中国优秀传统文化与当代青年发展[J].学校党建与思想教育,2011(11).

14.金锐.试论中国传统文化与当代青年发展[J].北京教育,2011(10).

15.尤文静.用优秀传统文化为青年筑好思想堡垒[J].人民论坛,2017(5).

16.刘宏森.反哺与哺育——对青年"文化反哺"的质疑[J].探索与争鸣,2013(7)

17.章天顺,王希坤.以优秀传统文化加强青年社会主义核心价值观的认同机制建设研究[J].青年学报,2015(4).

18.徐彩勤.中国优秀传统文化传承与青年责任[J].青少年学刊,2017(5).

19.吕丽娜.当代青年必须坚守传统文化的"根"[J].人民论坛,2018(1).

20.陈荣武.当代青年文化的历史衍变与现代性建构[J].思想理论教育,2014(1).

21. 陆玉林,常晶晶.我国青年文化的现状与发展趋势简析[J].中国青年政治学院学报,2003(4).

22. 李洋.当代中国青年文化的发展理路探析[J].社科纵横,2013(9).

23. 邓希泉.青年文化发展规律研究[J].中国青年社会科学,2015(5).

24. 韩庆祥.市场经济·文化转型·生存方式重建[J].求是学刊,1996(3).

25. 衣俊卿.中国文化的转型与日常生活的批判重建:百年现代化的深层思考[J].河北学刊,1993(2).

26. 林敏慧.当日常休闲遇到旅游:传统文化的演绎与新生[J].旅游研究,2016(3).

27. 王杰文."生活世界"与"日常生活":关于民俗学"元理论"的思考[J].民俗研究,2013(4).

28. 张法.传统文化:我们？他者？[J].传统与新人文,1996(1).

29. 金志坤,杨雄.传统文化与当代青年:关于现代化进程中青年文化建设的思考[J]. 1993(4).

30. 康来云.社会主义核心价值观培育中遇到的"缝隙"及其弥合之策[J].学习论坛,2015(7).

31. 丁惠平.市场化、全球化与网络化:当代中国社会组织变迁的影响机制及内在逻辑[J].吉林大学社会科学学报,2017(11).

32. 李春玲等.新时代的主题:2007—2010年青年研究综述[J].青年研究,2011(3).

33. 孙玉霞.论消费主义文化对青年思想道德建设的影响[J].思想教育研究,2008(7).

34. 于洪波.解析消费主义对青年文化的影响[J].文化学刊,2016(8).

35.宋智勇,段钊.从青年文化消费解析青年文化的变迁[J].科技创业月刊,2005(2).

36.彭红艳,万美容.当代青年价值取向物质化现象的成因及效应[J].中国青年研究,2017(4).

37.杨德霞.论消费主义与当代青年身份建构[J].当代青年研究,2013(2).

38.罗志田.近代中国社会权势的转移:知识分子的边缘化与边缘知识分子的兴起[J].开放时代,1999(4).

39.魏建,毕绪龙.《新青年》与"新青年"[J].文学评论,2007(4).

40.周维东.说不尽的新文化 说不尽的青年[J].社会科学,2021(2)

41.费孝通.试探扩展社会学的传统界限[J].北京大学学报(哲学社会科学版),2003(3).

图书在版编目(CIP)数据

青年文化研究的创新与实践/杨晶著.--北京:中国传媒大学出版社,2022.12
ISBN 978-7-5657-3384-0

Ⅰ.①青… Ⅱ.①杨… Ⅲ.①青年—文化研究—中国 Ⅳ.①D669.5

中国国家版本馆CIP数据核字(2023)第015416号

青年文化研究的创新与实践
QINGNIAN WENHUA YANJIU DE CHUANGXIN YU SHIJIAN

著　　者	杨　晶
责任编辑	曾婧娴　裴向敏　张莉莉　沈刘红
封面设计	拓美设计
责任印制	李志鹏

出版发行　**中国传媒大学**出版社

社　　址	北京市朝阳区定福庄东街1号	邮　编	100024
电　　话	86-10-65450528　65450532	传　真	65779405
网　　址	http://cucp.cuc.edu.cn		
经　　销	全国新华书店		
印　　刷	唐山玺诚印务有限公司		
开　　本	710mm×1000mm　　1/16		
印　　张	10.75		
字　　数	132千字		
版　　次	2022年12月第1版		
印　　次	2022年12月第1次印刷		
书　　号	ISBN 978-7-5657-3384-0/D·3384	定　价	52.00元

本社法律顾问：北京嘉润律师事务所　郭建平